KB172515

자화상
내 마음을
그리다

Draw My Heart with a Self Portrait

by Kim Sun-hyun

Published by Hangilsa Publishing Co. Ltd., Korea, 2024

자화상
내 마음을
그리다

김선현 지음

한길사

자화상에서 새로운 나를 만나다

• 프롤로그

자화상Self Portrait이란 내가 나의 얼굴이나 모습을 표현한 그림입니다. 화가가 자화상을 그리기 시작한 것은 르네상스가 시작되는 15세기경부터입니다. 화가들은 종교화에 화가 자신의 얼굴을 그려 넣기 시작했습니다.

르네상스를 대표하는 화가 보티첼리는 동방박사와 예배하는 장면 중 오른쪽 하단에 관람객을 바라보는 자신의 얼굴을 넣었습니다. 이것은 화가 자신의 서명과 같은 의미가 있었다고 합니다. 르네상스는 중세와 다르게 주문받은 작품을 제작하는 화가들에서 '예술가로서의 화가'로 화가들의 인식이 달라지고 있었기 때문에 자화상을 그리기 시작했고 그후 화가들은 자신의 자화상을 많이 남겼습니다.

지난 30년간 국내외 크고 작은 사건현장에서 미술치료를 해온 전문가로서, 요즘 가장 많이 드는 생각은 다들 외롭다는 것입니다. 마음의 병을 앓는 이들이 늘어나는 까닭은 이 때문이겠지요. 나를 돌아볼 여유 없이 현실에 쫓기며 사는 데다가, 내 곁에 있는 사람을 바라볼 시간이 없으니 당연합니다. 어디에서도 이해받지 못한 우리는 아파도 아프다는 말조차 못하고 끙끙대죠.

그러나 그림과 마주한 '나'는 더 이상 혼자가 아닙니다. 그림은 평소의 '나'를 떠올리게 하면서 나에게 수없이 많은 질문을 던집니다. 그림에 어떤 힘이 있어서일까요.

화가는 자신의 생각이나 질문을 압축해 하나의 이미지로 표현합니다. 그림 앞에서 코끝이 찡해졌거나 함박웃음을 지은 적이 있다면, 혹은 한번 보고 잊지 못한 강렬한 그림이 있었다면 이 말을 이해하시겠지요. 그림의 여러 장르 중에서도 자화상은 화가의 내면에서 소용돌이치고 있는 말을 담고 있습니다. 그러니 자화상 앞에서는 발길을 멈출 수밖에요.

자화상은 궁극적으로 '나는 누구인가?'라는 물음에 대한 답입니다. 자화상은 자신의 얼굴을 그리는 경우도 있고, 다른 대상의 모습에 자신을 투영시키거나 어떤 사물에 자신의 모습을 대리 표현하기도 했습니다. 자화상은 현대인들의 자기 인식과 자아에 대한 근원적인 질문을 던지고 있습니다. 자신의 얼굴과 내면을 반사하는 거울을 상징적으로 사용하면서, 자기 인식과 사회적 관계 사이의 갈등과 타협의 과정을 표현합니다.

사람들이 독서하는 이유 중 하나는 타인의 다양한 삶을 경험할 수 있기 때문이라고 합니다. 자화상도 마찬가지입니다.

첫째, 화가의 자화상을 통해 화가와 화가를 둘러싼 시대적 배경과 주변 인물 등의 삶을 경험할 수 있습니다. 자화상은 과거·현재·미래에 대한 자신의 환경과 내면의 성장, 외적인 모습 등도 함께 표현합니다. 이러한 내용은 현대사회에서 개인의 정체성과 자아인식을 탐구하는 중요한 주제로 다뤄져왔기 때문에 많은 사람에게 공감과 이해를 이끌어냅니다.

둘째, 자기 발견을 하고 정체성을 찾을 수 있습니다. 자화상을 통해 진실한 자신을 만나게 되며 성장할 수 있습니다. 바쁜 일상 속에서는 차분하게 자신의 내면을 찾기 어렵습니다. 자화상이라는 매개체를 두고 자신을 이해하게 되고 현재 자신의 모습을 받아들이면서 성장하게 되는 것이지요.

셋째, 자화상에는 다양한 시대적 배경, 미술사, 그림의 여러 기법 등이 담겨 있습니다. 자화상을 통해 미술에 대한 안목, 예술에 대한 이해, 역사에 대한 이해 또한 넓고 깊어질 수 있습니다.

이러한 이유로 미술치료에서는 자화상을 많이 사용합니다. 그림 속 인물이 지금 어떤 생각을 하고 있는지 말해보거나 배경이 일부 삭제된 그림의 빈자리를 채우는 활동을 통해 새로운 '나'를 발견하지요. 이 책에는 '나'를 발견할 수 있는 명화 104점이 소개되어 있습니다.

나를 알기 위해서는 지금의 나를 이해하고, 과거의 나를 끌어안은 후, 시시때때로 바뀌는 나를 통합적으로 아는 것이 먼저입니다. 그래야 한 단계 성장하고 변신할 수 있습니다.

윤동주의 「자화상」에 "우물 속에는 달이 밝고 구름이 흐르고 하늘이 펼치고 파아란 바람이 불고 가을이 있고 추억처럼 사나이가 있습니다"라는 시 구절이 있습니다. 그의 시처럼 스스로를 들여다보고 그 어떤 것에도 휩쓸리지 않고 자신의 삶을 끊임없이 성찰했던 화가들의 모습이 이 책에 담겨 있습니다. 자화상은 화가가 처한 상황을 표현한 이미지이며 화가의 내면에서 소용돌이치고 있는 말을 담고 있습니다. 화가가 자화상을 통해 진정한 '나'를 만난 것처럼 독자 여러분도 명화 속에서 '진정한 나'를 찾을 수 있기를 바랍니다.

2024년 2월
김선현

자화상
내 마음을
그리다

2. Desire 욕망

3. Love 사랑

4. Healing 치유

5. Relaxation 여유

6. Perfection 완벽

1. Loneliness

고독

프리다 칼로
「벨벳 드레스를 입은 자화상」Self Portrait with a Velvet Dress(1926)
캔버스에 유채, 78×61cm
프리다 칼로 미술관, 멕시코시티

Frida Kahlo

프리다 칼로

인생은 투쟁의 연속입니다

굵고 진한 일자 눈썹의 여인. 미술치료에서 가장 많이 쓰이는 프리다 칼로Frida Kahlo, 1907-54의 자화상입니다. 만약 그녀의 다른 그림을 알고 있다면, 이 그림이 그녀의 것인지 헷갈릴 것입니다.

프리다 칼로는 여섯 살 때 소아마비를 앓아서 오른쪽 다리를 절룩이게 되었고 열여덟 살 때는 그녀가 탄 버스를 전동차가 들이받으면서 척추와 오른쪽 다리, 자궁을 크게 다쳤습니다. 그녀는 침대에 누워서 침대 지붕에 붙은 전신 거울로 끊임없이 자신을 관찰하여 스스로를 그리기 시작했지요. 그녀는 이후 죽기까지 29년간 계속된 35회의 수술과 수차례의 유산을 상징하듯이 피를 흘리는 순교자의 모습으로, 이혼으로 인해 자해하는 모습으로 자신을 묘사했습니다.

이렇게 칼로의 자화상은 자신에 대한 성찰이며 고통스러운 현실에 대한 고백입니다. 수많은 자화상 속에서 그녀의 모습은 감상이나 자기 연민이나 성적 관찰 대상이 아닌, 육체적 고통과 죽음의 공포에 직면해서도 강한 삶의 열정을 잃지 않은 여인으로 아주 솔직하게 묘사되어 있습니다. 따라서 그녀의 자화상은 여성과 미술의 기존 관계에 대한 정면 도전이라고 볼 수도 있지요.

> "상처를 치유하기 위해서는
> 자신의 깊은 내면과
> 만나는 과정을 거쳐야 합니다"

프리다 칼로의 자화상들을 연대순으로 나열하면 그녀의 드라마틱한 인생이 작품으로 전개됩니다. 사실적인 수법으로 묘사된 자화상에서 그녀의 표정은 매우 다양하고 비극적이기까지 하지요.

사람들은 상처를 치유하기 위해 술을 마시고 주정을 하는 등 이런저런 방법들을 동원합니다. 그러나 술과 한풀이가 진정한 치유가 될 수는 없습니다. 본인의 깊은 내면과 만나는 과정을 거쳐야 하는 것입니다. 때로는 그 아픔이 너무 커서 피해 다니고 기억에서 밀어내려 하지만 부정적인 영향력이 완전히 사라지지는 않습니다. 그럼에도 상처를 극복하려는 노력은 자신의 몫이지요.

프리다 칼로
「원숭이가 있는 자화상」Self Portrait with a Monkey(1938)
목판에 유채, 40.6×30.5cm
올브라이트 녹스 미술관, 버펄로

많은 화가가 그림을 통해 자신을 치유해왔습니다. 고흐가 그림을 통해 자신의 이야기를 하고 삶을 이끌어갔다면 프리다 칼로는 병실의 환자, 외도하는 남편의 아내, 자식을 품지 못한 어머니로서의 고통, 그럼에도 살아보겠다는 의지를 그림에 담아내며 '화가 프리다 칼로'의 인생을 선택했습니다.

프리다 칼로의 자화상에는 동물이 많이 등장합니다. 특히 원숭이, 개, 사슴 등이 등장합니다. 「원숭이가 있는 자화상」에서 원숭이의 목에는 초록색 리본이 둘러져 있습니다. 많은 작품에서 동물들과 프리다 칼로가 리본을 함께 둘러서 하나로 연결된 모습도 볼 수 있지요. 그만큼 동물을 자기와 동일시했습니다. 무겁고 어두운 느낌을 줄 수 있는 자화상에 푸른 터키석 귀걸이는 밝은 느낌을 전해줍니다. 수많은 프리다 칼로의 자화상은 의상, 액세서리, 소품들을 통해 당시의 생활상을 살펴보는 즐거움도 줍니다.

그녀의 작품에는 사고로 인한 고통을 극복하기 위해 거울을 통해 심리 상태를 관찰하고 표현한 자화상이 많습니다. 작품의 강하고 사실적인 색채에는 아픔, 고통, 외로움을 극복하려는 강한 의지가 나타나지요. 그러나 「벨벳 드레스를 입은 자화상」은 지금까지 보았던 그녀의 그림과 사뭇 느낌이 다릅니다. 흔히 보던 프리다 칼로의 모습과는 달리 아주 귀족적인 여인이죠. 저는 이 그림을 보면서 그녀는 어쩌면 이렇게 편안한 삶을 살고 싶었을지도 모른다는 생각이 들었습니다. 인생이 늘 투쟁의 연속이었지만 그러한 삶을 본인이 원해서 살게 된 것은 아닐 테니까요.

"나의 그림은 그 안에 고통의 메시지를 담고 있습니다. 단지 몇 사람만이 이 같은 그림에 관심을 보일 것입니다. 나의 그림은 호전적이거나 혁명적이지 않습니다. 그러나 그것은 내 인생의 부족한 부분을 보충해줍니다. 나는 내 인생에서 일어났던 여러 끔찍한 일들과 더불어 세 명의 아이마저 잃었습니다. 그림은 이 모든 상실을 대신하기 때문에 내게는 그림을 그리는 것이 최선의 길이라 믿습니다."

칼로는 자신의 그림에 대해 이렇게 말했습니다. 기구한 그녀의 이야기를 듣고 있으면 내 몸이 아파오는 것처럼 그녀의 고통이 짐작되지요. 그녀의 그림을 보면서 공감이 되는 것은 어쩌면 힘겹게 인생을 견뎌온 인생사가 남의 일처럼 느껴지지 않기 때문이 아닐까요.

에곤 실레
「줄무늬 셔츠를 입은 자화상」Self Portrait with Striped Shirt(1910)
캔버스에 분필과 구아슈, 44.3×30.5cm
레오폴드 미술관, 빈

Egon
Schiele

에곤 실레

아물지 못한 상처

때로는 사람들이 그린 그림을 통해서 그들의 건강상 문제를 찾아내야 하는 경우가 있습니다. 어떤 색을 쓰느냐를 보고 색맹을 찾아내기도 하고, 재활 환자의 그림이 어느 방향으로 치우쳐 있느냐에 따라 어느 쪽 뇌가 손상되었는지 짐작하기도 합니다. 코끝을 강조한 인물화라면 알코올 중독자의 그림인 경우가 많습니다. 이렇게 그림만으로 말하지 않은 건강상의 문제를 환자들에게 들려주면 환자나 보호자는 어떻게 알았느냐며 놀라기도 하고 알려줘서 고맙다며 감탄하기도 합니다.

많은 환자를 치료하다 보니 제게만 보이는 미술치료의 비밀이라고나 할까요. 경험에 따르면 치매 환자들은 전신상을 그리지 않는 경우가 많습니다. 또한 한정된 소재를 반복해서 그리는 경우가 많고 붓터치도 일정합니다.

에곤 실레Egon Schiele, 1890-1918는 자신의 얼굴과 신체 등을 그려내면서 외모에 대한 집착과 예술에 대한 열정을 표현했습니다. 앞쪽의 「줄무늬 셔츠를 입은 자화상」은 에곤 실레의 자기애를 표현하고 있습니다. 저는 에곤 실레의 많은 자화상 중 가장 깔끔하고 잘생긴 자신을 그린 자화상이라고 생각합니다.

이번에는 오른쪽 그림을 볼까요. 28세에 세상을 떠난 에곤 실레의 21세 때 모습으로 위생 상태가 불량해 보입니다. 손가락은 앙상하고 손톱 색깔도 좋지 않고요. 손에는 주름마다 시커먼 때가 끼어 있네요. 구레나룻이 정리되어 있지 않은 것을 보면 가려워서 마구 긁은 모양입니다. 그러나 그의 다른 작품과 달리 인물 중심이 아니라 꽃과 테이블이 함께 그려져 있어 다른 그림에 비해 정서가 안정된 것으로 보입니다. 미술치료에서는 꽃, 나비 등의 잔잔한 사물을 그려 넣는 것을 안정감으로 해석합니다. 헤어스타일과 가로의 안정적인 구도, 서명을 돋보이게 한 것 등이 여유 있어 보입니다.

에곤 실레의 생애는 짧았지만 작품의 수는 많고 사람들에게 강력한 인상을 남겼지요. 그의 아물지 못한 상처가 작품에 표출되어 있기 때문일 것입니다. 에곤 실레가 태어나기 이전에 세 명의 아이가 사산되었고, 네 번째로 태어난 누나도 열 살에 죽었습니다. 아버지가 성

에곤 실레

「손가락을 펼친 자화상」Self Portrait with Spread Fingers (1911)
목판에 유채, 27.5×34cm
빈 미술관

병과 조현병으로 고통받는 모습을 보면서 그는 영원히 지울 수 없는 충격을 받았습니다. 그래서 그는 화가로 성장한 뒤에도 병적인 소재에 집착하게 되지요. 이를 극복하는 데는 많은 시간이 걸렸고 그 과정에서 그의 세계관이 형성되었습니다.

> "우리 모두는
> 아물지 않고 남아 있는 상처를
> 안고 살아갑니다"

에곤 실레는 집안의 우울한 분위기 탓에 성격이 내성적이었는데, 그 에너지를 내면으로 돌려 자신을 탐구했습니다. 거기에 더해 아버지의 죽음과 어머니의 무관심이 동일시 대상과 보살핌의 부재로 이어지면서 더욱더 자신에게로 에너지를 향하게 되었습니다. 그의 나르시시즘적인 태도는 이런 환경에서 표출되었다고 볼 수 있습니다. 또한 가족으로부터 경제적인 지원이 끊기고 고립감과 자기연민에 빠지면서 본격적으로 자화상을 그리게 되었습니다.

에곤 실레를 적대시한 비평가들은 실레를 실렌schielen, 사팔뜨기이라 불렀다고 합니다. 그 말을 비웃듯이 사팔뜨기를 자처한 실레의 자화상은 외로움과 소외로 고통받는 천재라는 자기 인식을 통해 자신에 대한 관심을 보여줍니다.

특이하게 실레는 이사를 다닐 때마다 전신 거울을 꼭 들고 다녔습니다. 거울 앞에서의 시간은 실레가 화가로 성장해가는 과정을 생생하게 기록해주었지요. 실레는 자화상을 통해 자신의 심리를 탐색하는 동시에 대중에게 내보이고 싶은 이미지를 의식하는 등 이중성을 보이면서도 거울 속 고립된 자신의 모습에서 사회와 관계를 구성할 어떤 가능성도 찾을 수 없음을 깨달았습니다. 그가 자신의 내부로 서서히 침식되어가면서 느낀 좌절, 긴장, 불안 등의 심리는 고통스럽고 부자연스러운 사지를 통해 표현되었고 그의 내면에서 해소되지 못한 채 쌓여만 가던 공격적인 충동성은 작품으로 승화되었지요.

우리 모두는 실레처럼 아물지 않고 남아 있는 상처를 안고 살아갑니다. 우리는 몸과 마음 구석구석에 흔적이 남아 있는데도 알아채지 못하고 있는 것은 아닐까요. 상처만 드러나게 해주는 자화상이 있다면 나의 자화상에는 어떤 상처들이 드러날까요.

페르낭 크노프
「누가 나를 구원할 것인가?」Who Shall Deliver Me?(1891)
종이에 색분필, 22×13cm
개인 소장

Fernand
Khnopff

페르낭 크노프

내 마음의 문을 잠갔네

 페르낭 크노프Fernand Khnopff, 1858-1921의 작품은 외부와 소통을 차단한 개인적인 상상과 몰입하는 모습을 보여줍니다. 크노프는 "자아만 존재할 뿐이다"라고 말하기도 했습니다. 그는 주로 침묵과 비밀스러운 분위기의 그림을 많이 그렸습니다.

 벨기에의 대표적인 상징주의 화가였던 크노프는 19세기 후반부터 20세기 초반까지 유럽에서 회화, 조각, 사진, 무대 디자인 등 다양한 분야에서 활동한 예술가이기도 합니다. 처음에는 법학을 전공하려고 했으나 자신과 맞지 않아 미술로 전공을 바꾸게 됩니다. 여러 나라를

페르낭 크노프
「내 마음의 문을 잠갔네」I Lock My Door upon Myself(1891)
캔버스에 유채, 72.7×141cm
노이에 피나코테크, 뮌헨

여행하며 상징주의에 빠진 크노프는 프랑스의 상징주의 소설가 조세펭 펠라당이 설립한 장미십자회에 가입하게 됩니다.

페르낭 크노프는 「내 마음의 문을 잠갔네」라는 그림의 제목처럼 삶이란 자신의 내면에만 귀를 기울여야 한다고 했습니다. 그림 속 여인은 세상과 단절된 신비스러운 모습을 보여줍니다. 비밀스럽고 다양한 상징적 화법으로 삶에 대한 환멸과 자기 내면의 세계를 그려냈습니다.

"불안을 인정하고 받아들인다면
한 발 더 내디딜 수 있습니다"

요즘 저는 많은 청년을 만나고 있습니다. 소위 '은둔형 외톨이'라 불리던 고립 청년들을 만납니다. 그들은 세상과 원활하게 소통하기 어렵다고 합니다. 자신의 상처가 깊고 힘들어서 더 이상 세상 속으로 들어가기 어렵다고 합니다. 한창 세상과 소통하고 사람들을 만나고 꿈을 키워야 하는 나이에 이렇게 세상과 단절된 삶을 선택한 모습이 너무 마음 아픕니다.

크노프의 작품과 작품 제목들을 보면 이 청년들이 했던 말들이 생각납니다. 초점 없는 눈동자, 무표정, 꽉 다문 입이 닫힌 내면을 보여줍니다. 상처가 너무 크고 힘들어서 스스로 문을 잠그고 세상과 단절해버린 모습입니다. 미로처럼 갇혀 나가지도 들어오지도 못하고 스스로를 세상과 격리시켜버리고 마는 것이지요.

그림의 제목처럼 마음의 문을 잠근 그녀의 텅 빈 눈, 우울한 모습에 가슴이 아픕니다. 누구나 불안을 안고 살아갑니다. 그 불안을 제대로 인정하고 받아들일 때 성장할 수 있습니다. 그림 속의 그녀가, 많은 청년들이 세상이라는 벽 앞에서 더 이상 마음 아프지 않고 한 발 더 내딛기를 바라는 마음입니다.

카를 슈미트로틀루프
「모자를 쓴 자화상」Self Portrait with Hat(1919)
캔버스에 유채, 73.3×65cm
클리블랜드 미술관

Karl Schmidt-Rottluff

카를 슈미트로틀루프

냉정한 현실과 맞서다

강렬한 느낌을 주는 카를 슈미트로틀루프Karl Schmidt-Rottluff, 1884-1976의 자화상에서 가장 특징적인 것은 눈입니다. 그림에서는 한쪽 눈만 비추는 강한 빛으로 눈동자를 보이지 않게 했습니다. 마치 눈에 힘을 주고 치켜뜬 것 같군요.

눈은 사람의 내면을 나타내는 '마음의 창'이고 세상과 접촉하는 가장 중요한 기관입니다. 미술치료에서 눈을 생략한 것은 외부에 대한 회피와 거부를 상징합니다. 반면 지나치게 눈을 강조하여 그렸다면 다른 사람이 자신을 어떻게 보는지에 대해 민감하거나 의심이 많을 수 있습니다. 또한 눈을 감았거나 작게 표현했다면 내향적이거나 자신에게 도취되어 있음을 알 수 있고, 눈동자가 없는 텅 빈 눈을 그렸다면 환경이나 타인과의 관계에 관심이 없거나 마음이 공허하다는 의미입니다.

"눈은 사람의 내면을
나타내는 마음의 창이고 세상과 접촉하는
가장 훌륭한 기관입니다"

인물화를 해석하는 관점에서 슈미트로틀루프처럼 이렇게 특징적으로 눈을 묘사한 그림은 외향적 경향성과 강한 호기심을 나타내며, 눈 위로 올라간 눈썹은 높은 자존심을 드러냅니다. 슈미트로틀루프는 1910년부터 초기 인상주의 화풍에서 벗어나 과감한 색의 부조화를 표현해냈습니다. 이후 그는 강렬한 야수성을 거친 색조와 투박한 형상들로 드러냈습니다.

제1차 세계대전 발발 후에 군에 입대한 슈미트로틀루프는 1915년 가을 러시아 전선에 배치되었고 이 시기부터 그의 색조는 점점 어두워지기 시작했습니다. 이 시기에 그린 순수한 원시 미술을 향한 열정과 드레스덴 민속 박물관에 전시된 서아프리카 가면들에 대한 관심을 읽을 수 있습니다. 동시에 거친 색채 표현을 통해 순수성과 원시성을 찾는 그의 사상이 강하게 드러나지요. 고통스러운 세계에서 겪는 아픔과 이로 인한 격정적인 감성에 도취된 순수성과 원시성을 보여주는 듯합니다.

슈미트로틀루프의 초기 자화상에서는 자신의 심리나 생각을 부분적으로는 드러내지 않기를 원하는, 다소 여유롭기까지 한 사유적인 방관자를 볼 수 있습니다. 그러나 이후 자화상에서는 경직되고 냉정한 현실 또는 자신의 생각과 심리에 맞닥뜨려보려는 굳은 단호함이 보이며 비장함까지 느껴지네요.

모이스 키슬링
「빨간 점퍼에 파란 스카프를 두른 키키 드 몽파르나스」
Kiki de Montparnasse in a Red Jumper and a Blue Scarf(1925)
캔버스에 유채, 92×65cm
프티 팔레 미술관, 제네바

Kiki de Montparnasse

키키 드 몽파르나스

자유와 젊음 속에서 길을 잃다

피카소를 비롯해서 만 레이, 장 콕토, 모딜리아니, 어니스트 헤밍웨이, 후지타 쓰구하루 등 파리에 머무르는 수많은 화가가 몽파르나스에 모이기 시작했습니다. 파리 몽파르나스는 예술인과 지성인들이 모여드는 최고의 집결지가 되었습니다.

키키 드 몽파르나스Kiki de Montparnasse, 1901-53는 '몽파르나스의 여왕'이라고 불렸습니다. 열두 살 때 고향 부르고뉴를 떠나 파리로 올라온 알리스 프랭은 파리의 예술가들 사이에서 '키키'라는 이름으로 새로운 삶을 살아갑니다. 1920년대 남성 위주의 보수적인 사회에 얽매이지 않은 자유로운 여성이었지요. 그녀는 성의 자유와 감정의 자유를 추구했고, 어떤 규칙에도 얽매이지 않은 진정한 자유인의 삶을 살았습니다.

키키는 예술가들의 뮤즈가 되었습니다. 그녀는 우아한 여성상으로 그치지 않고 그녀만의 관능을 발휘해 많은 예술가가 그녀의 외모뿐만 아니라 그녀만의 매력에 마음을 빼앗겼습니다. 그녀는 모델로, 가수로, 댄서로 활동했는데 많은 예술가가 그녀의 사진을 찍기도 하고, 그녀를 모델로 그림을 그리기도 했습니다.

키키는 화가로서도 뛰어난 능력이 있었습니다. 2022년에는 키키를 모델로 한 만 레이의 사진 작품 「앵그르의 바이올린」은 크리스티 경매에서 1,241만 달러에 낙찰되면서 역대 사진 최고가를 기록하기도 했습니다. 후지타 쓰구하루도 키키를 모델로 한 그림을 그렸습니다. 헤밍웨이는 키키 회고록에 서문을 써주었습니다.

헤밍웨이는 키키를 목소리를 가진 여성으로 표현했습니다. 남성 중심의 보수사회에서 자유를 갈망하고, 자신의 목소리를 내며 다양한 활동을 하는 20대 키키의 모습이 헤밍웨이의 주목을 받았습니다. 헤밍웨이는 "키키는 여성이 되지 않고도 여왕이 되었다"라고 표현했을 정도였습니다. 1920년대 수많은 예술가들을 한데 모일 수 있게 한 키키는 그녀만의 목소리와 주장이 강한 여성이었습니다.

소설가 케이 보일은 다음과 같이 말했습니다.

"그녀가 자신의 얼굴을 위해 선택한 색은 어떤 색이든 주목을 받았습니다. 그녀의 무거운 눈꺼풀은 어느 날은 구리색으로, 다른 날은 감청색으로, 또 어떤 날은 은색이나 옥색으로 칠해졌습니다."

"겉모습뿐 아니라 내면도 단단해야
스스로의 삶을 이끌 수 있습니다"

1927년 키키의 첫 전시 역시 성공적이었습니다. '마티스의 딸'이라는 호평 속에 전시 첫날 그녀의 작품은 완판되기도 했습니다. 10년이 지난 뒤 자신이 운영하던 몽파르나스의 카바레 오아시스는 '셰 키키'Chez Kiki로 이름을 바꾸어 명소가 되었습니다. 하지만 그녀는 술과 마약에 손을 댔고 빠져나올 수 없는 수렁에 빠져들었습니다. 이때 제2차 세계대전이 발발하고 모든 것이 변했습니다. 더 이상 활동할 수 없었던 키키는 술과 약물 남용으로 생을 마감했습니다.

몽파르나스의 여인이라 불렸던 키키는 그토록 사랑했던 몽파르나스에 묻혔습니다. 그러나 키키의 육체를 모델로 삼아 작품을 남긴 많은 예술가는 부와 명성을 얻었습니다.

인간에게 외적인 아름다움의 시기는 정해져 있습니다. 관능도 한때입니다. 대중의 열광도 한때입니다. 대중은 필요한 대상의 이미지만을 선택해서 본인들의 마음을 대리 만족하게 되어 있습니다. 그 사람의 본질과 그의 또 다른 이면을 보려고 하지도 않고 깊은 관심을 갖지도 않습니다. 재능과 자유로움과 아름다움을 가졌다면 더욱 성장할 수 있도록 보여지는 이미지 못지않은 내면의 단단함을 준비해야 할 것입니다. 그래야 자기의 삶을 자신이 이끌 수 있을 것입니다.

베브 두리틀
「내 영혼의 비상」Let My Spirit Soar(1984)
석판화, 71.4×56.5cm
개인 소장

Bev Doolittle

베브 두리틀

자유로운 영혼을 꿈꾸다

인생을 살다가 사람들, 특히 자신이 믿고 있는 사람에게 배신감을 느끼는 경우 단순히 화만 나는 것이 아닙니다. 처음에는 상대에 대한 분노로 시작하지만 시간이 지날수록 상황을 파악하지 못하고 상대를 믿었던 자신을 자책하는 단계로 나아가고 결국에는 다른 사람을 믿지 못하는 지경이 됩니다.

한동안 사람을 만나지 못하거나 밖에 나가는 것을 꺼리게 되기도 하지요. 심한 경우는 우울증이나 화병, 트라우마까지 생기기도 합니다. 지금 그런 상황에 있는 이들에게 이 그림을 추천하고 싶습니다.

자, 심호흡을 크게 하고 나서 앞의 그림을 보십시오. 보통 우리는 인디언이 집단으로 움직이고 늘 즐거울 거라고 생각합니다. 축제 같은 특별한 행사를 통해 화려한 모습을 많이 보여줄 거라고 생각하지요. 그런데 이 작품을 한번 보세요.

베브 두리틀Bev Doolittle, 1947- 은 주로 자연과 인간을 모티프로 수채화 작업을 하며, 작품에 인디언이 많이 등장합니다. 이 작품은 자유로운 영혼을 꿈꾸는 인디언의 정서를 잘 표현했습니다.

이 인디언은 홀로 강가에 앉아 있습니다. 물도 나무도 비슷한 파랑과 초록 계통의 색상으로 통일해서 분리되지 않고 하나의 자연에 속해 있는 느낌을 줍니다. 인디언이 앉아 있는 자리만 연한 노란색과 연둣빛을 넣어 밝게 했지만 바위에 앉아 있는 위치가 불편해 보이기는 하죠.

초록색은 노랑과 파랑의 중간색으로 모든 색의 통로 역할을 하며, 어떤 색보다도 편안함을 느끼게 합니다. 많은 사람이 좋아하는 색깔로 자연, 균형, 정상적인 상태를 상징합니다. 초록은 마음을 안정시켜주는 능력이 있어 감정의 균형을 회복시키고 몸에도 건강한 활력을 줍니다.

파랑도 초록과 마찬가지로 마음을 편안하고 부드럽게 만들고 감정을 풍부하게 해줍니다. 급하고 여유가 없는 마음을 진정시키고 차분하게 해주죠. 그래서 미술치료에서 파랑은 과거를 돌아보고 현재의 자신을 마주할 여유를 주며 용기를 북돋우는 색깔로 알려져 있습니다.

"일이 잘 풀리지 않는다면
일단 밖으로 나가 높고 푸른
하늘을 올려다보십시오"

　이번에는 물에 비친 새의 이미지를 볼까요. 물에 비친 새의 이미지는 인디언의 자세와 비슷합니다. 제목에서 유추할 수 있듯이 새는 인디언의 영혼과 같은 느낌으로 다가옵니다. 타인에게 받은 상처와 배신감을 작품 속의 하얀 새처럼 날려버릴 수 있지 않을까 하는 생각이 듭니다. 영혼의 자유로운 비상을 꿈꾸는 현대인들에게 이 작품은 감정의 동요를 일으키며, 시각적 쾌감도 안겨줍니다.

　아마도 그림 속 인디언은 깊은 고민으로 홀로 강가에 나와 꽤 긴 시간을 보낸 듯합니다. 인디언의 시선은 우측 상단을 향하고 있습니다. 작품을 보는 사람의 시선도 작품 자체보다는 작품 바깥쪽의 여백으로 향하게 합니다. 이런 시선의 흐름 덕분에 지금 눈앞의 상황보다는 다른 곳으로의 시각 전향을 일으킬 수 있습니다. 일상에서도 뭔가 일이 잘 풀리지 않아서 답답해하고 있다면, 일단 밖으로 나가 높고 푸른 하늘을 한번 바라보세요. 가슴이 뻥 뚫리는 쾌감을 얻을 수 있을 것입니다.

에두아르 마네
「팔레트를 든 자화상」Self Portrait with Palette(1878-79)
캔버스에 유채, 83×67cm
스티븐 A. 코헨 컬렉션, 그리니치

Edouard Manet

에두아르 마네

나에게 던지는 마지막 질문

혹시 죽음을 맞이하는 사람을 가까이에서 본 적이 있나요. 우리는 과연 어떤 과정에 의해서 죽음을 받아들이게 될까요. 심리학자 퀴블러 로스Elisabeth Kübler Ross에 의하면 사람들은 5단계의 심리적 단계를 거쳐 죽음을 수용한다고 합니다.

첫째, 부정 단계에서는 자신에게 다가올 죽음을 부정하고 자신에게 내려진 진단을 오진으로 여깁니다. 둘째, 분노 단계에서는 '왜 나만 죽어야 하는가?'라고 생각하며 건강한 사람들을 원망하고 가족, 의사, 간호사 등에게 분노를 표출합니다. 셋째, 타협 단계에서는 자신이 죽어가고 있음을 인정하고 자신의 인생에서 아직 처리하지 못한 일을 끝마칠 수 있을 때까지 살 수 있기를 바라게 됩니다.

넷째, 우울 단계에서는 죽을 수밖에 없는 현실을 받아들이게 됩니다. 애착을 가지고 있던 모든 대상과 헤어질 수밖에 없다는 데서 우울증이 나타납니다. 다섯째, 수용 단계에서는 죽음을 받아들임으로써 마음의 평화를 회복하고 임종을 맞고자 하지요.

> "마지막 순간에 우리는
> 스스로에게 어떤 질문을
> 던질 수 있을까요"

누구에게나 죽음은 피할 수 없는 일이지만 그만큼 모두에게 어려운 일이겠지요. 죽음을 맞이해야 하는 순간이 온다면 우리는 어떻게 지금까지의 인생을 정리할 수 있을까요.

여기 소개한 자화상의 주인공은 세련된 도회적 감각으로 아름다운 여인이 등장하는 그림을 많이 그렸던 인상주의의 아버지 에두아르 마네Edouard Manet, 1832-83입니다. 「풀밭 위의 점심」「피리 부는 소년」「올랭피아」 등 참신성과 밝은 톤이 돋보였던 본인의 작품과는 다르게 자화상 속 자신은 수척하고 고뇌에 가득한 모습으로 화가로서의 번민과 고통이 느껴집니다.

강하지만 슬픈 눈빛과 꼭 다문 입술에서는 조용한 분노가 느껴집니다. 평소 그의 성격으로 미루어보건대 분노를 강하게 표출하지는 않았을 것입니다. 손에 든 붓과 팔레트에서는 화가로서 아직 완성하지 못한 꿈을 이루고 싶다는 소망이 느껴집니다.

이 자화상을 그린 1878~79년 당시 마네는 다리가 많이 아프고 건강이 좋지 않았다고 합니다. 왼쪽 다리에 괴사가 일어나면서 증상이 심해지는 바람에 1883년에는 다리를 절단했고 결국에는 고통스럽게 죽음을 맞이했습니다.

이런 정황으로 미루어보건대 그림 속의 마네는 자신에게 죽음이 임박했음을 깨닫고는 5단계의 사망 단계부정-분노-타협-우울-수용 가운데 2단계인 분노에서 3단계인 타협으로 넘어가고 있었을 것 같습니다.

마네 사후에 모든 증인이 동의했듯이 마네는 무척 매력적인 사람이었습니다. 부모에게 물려받은 재산에 잘생긴 외모까지 겸비했으니까요. 하지만 인생의 마지막 순간에는 그도 자신의 정체성에 관해 엄중한 질문을 던질 수밖에 없었던 것 같습니다. 마지막 순간에 여러분이 스스로에게 던질 질문은 무엇인가요. 자화상은 그 질문에 앞서 직면한 이들이 보여주는 답이 아닐까요.

폴 고갱

「황색 그리스도가 있는 자화상」Self Portrait with the Yellow Christ(1891)

캔버스에 유채, 38×46cm

오르세 미술관, 파리

Paul Gauguin

폴 고갱

군중 속의 고독

폴 고갱Paul Gauguin, 1848-1903이 타히티로 가기 전 마지막으로 완성한 작품은 「황색 그리스도가 있는 자화상」입니다. 파리 생활에 지쳐 타히티로 출발을 앞두고 그린 이 그림은 그리스도를 배경에 넣음으로써 고갱 자신이 마음의 위로를 받으려는 심리상태를 엿볼 수 있습니다. 고갱의 눈빛과 옆으로 향하는 모습 속에서도 새로운 결심과 함께 미래에 대한 두려움을 느낄 수 있습니다.

그림을 좀더 재미있게 보기 위해서 그림 한 점을 더 준비했습니다. 뒤쪽 그림을 보세요. 다른 사람들과 무리지어 있다가 홀로 떨어져 나

폴 고갱
「왜 화가 났니?」Why Are You Angry?(1896)
캔버스에 유채, 95.3×130.6cm
시카고 아트 인스티튜트

와 서 있는 것 같기도 하지요. 집단에 속해 있지만 우리는 언제나 혼자입니다. 인생을 살면서 다른 사람에게 구속받지 않는 자신만의 시간도 필요하지요.

> "혼자만의 시간을
> 즐길 줄 알아야 진정한 나를
> 만날 수 있습니다"

　그러나 현대인은 집단으로만 움직이려 하고, 집단 속으로 숨으려고 합니다. 혼자 밥 먹는 것도 매우 특이한 일로 여긴다지요. 그럴수록 스트레스는 더 쌓일 뿐입니다. 혼자만의 시간도 즐길 줄 알아야 진정한 나를 만날 수 있습니다.

　우리에게 잘 알려진 화가 폴 고갱은 타히티섬에서 많은 작품을 남겼습니다. 여기 소개된 작품도 타히티 여성을 주제로 하는 대표적인 그림입니다. 인간 존재의 근원에 대한 물음, 종교적인 색채가 짙게 드러나는 그림을 많이 그렸던 고갱은 타히티섬의 일상적인 풍경도 즐겨 그렸습니다.

　타히티섬에서 그린 그림을 보면 고갱의 인생관도 많이 바뀌지 않았나 하는 생각이 듭니다. 그는 타히티섬의 여인들을 그리면서 「어디 가니?」 「언제 결혼하니?」 「어머! 너 질투하니?」 「왜 화가 났니?」 같은 제목을 붙였지요.

　고갱이 타히티섬에서 그린 그림 속에서는 시간이 매우 천천히 흘러가는 것 같습니다. 늘 여유를 즐기면서 항상 보는 풍경을 그렸기 때문이겠죠. 여기 소개된 그림들도 타히티섬에서 그가 느꼈던 여유가 많이 녹아 있어 우리를 잠시 쉬었다 가게 해줍니다.

에드바르 뭉크
「담배를 든 자화상」Self Portrait with a Burning Cigarette(1895)
캔버스에 유채, 110.5×85.5cm
노르웨이 국립박물관, 오슬로

Edvard Munch

에드바르 뭉크

무엇으로부터 숨고 싶은가요

자신이 겪고 있는 문제에 대해 저절로 해결되도록 놔두는 사람이 있는가 하면, 문제를 해결하려고 역동적으로 스스로를 바꾸는 사람들이 있습니다. 조현병을 앓으면서도 역동적인 삶을 살았던 사람이 있습니다. 바로 에드바르 뭉크Edvard Munch, 1863-1944와 고흐입니다. 그들의 작품에는 죽음에 대한 공포, 사랑하는 사람을 잃었다는 공포 등 삶에서 직면하게 되는 여러 공포가 그대로 나타납니다.

이러한 이유 때문에 미술치료 프로그램 중 '명화를 통한 치료'에 이들의 그림이 많이 쓰이지요. 뭉크가 그린 「절규」를 주고 배경을 직접

채워보게 한다든지, 고흐의 그림을 보면서 그림 속의 주인공이 무슨 생각을 하는지 이야기하게 하는 것입니다.

뭉크의 「담배를 든 자화상」에서 제일 먼저 시선이 가는 것은 두려움에 가득한 표정입니다. 아래에서 위로 강하게 비추는 광선에 의한 역광 효과 때문입니다. 또 하나 눈여겨볼 점은 그림자입니다. 인물의 머리 왼쪽을 비추는 광원이나 코의 오른쪽에 생긴 그림자에 비해 인물 전체의 그림자는 잘 보이지 않습니다. 그러나 멀리서 바라보면 인물의 오른쪽 바닥과 벽이 주변에 비해 좀더 짙은 색상으로 그림자가 표현되어 있지요. 미술치료에서 그림자는 내게 계속 붙어서 나를 괴롭히는 것, 죽음에 대한 트라우마를 표현한다고 봅니다.

예상치 못한 공포에 직면해 순간적으로 당황한 표정의 뭉크는 담배를 손에 들고 있지만 입가에 가져가는 대신 하염없이 타게 내버려두고 있습니다. 담배를 들고 있는 손은 긴장되어 떨고 있는 듯하네요. 배경으로 흩어지는 파란색 담배연기는 사실보다 과장되어 심리적 불안감을 한층 더 고조시킵니다. 회의적인 시선, 아래쪽에서 비추는 불빛은 그의 표정을 더 불안하게 만들지요. 이런 단순하면서도 극적인 상황을 설정함으로써 자신의 불안한 심리를 보여주고자 한 것입니다.

작품을 해석할 때는 흔히 작가의 인생, 특히 유년 시절에 어떤 아픔이 있었느냐에 집중하는 경향이 있습니다. 작품의 색채나 필력, 묘사하는 사물이나 사람 등이 아픈 시절에 대한 반동으로 표출된 것이라는 생각 때문입니다.

뭉크의 과거는 어떠했을까요. 타의 추종을 불허하는 독창성으로 현대인의 고뇌를 표현했던 뭉크는 아웃사이더적인 성향으로 고립·사색·우울과 친했습니다. 그는 어머니와 누이를 폐병으로 잃고 종교적으로 엄격한 아버지 밑에서 홀로 자랐지요. 그래서인지 그는 성인이 되어서도 아버지를 두려워했습니다. 오슬로 전람회에 전시된 최초의 누드화 「사춘기」를 아버지가 볼까 봐 덮개를 씌워놓았다는 일화가 전해질 정도입니다.

> "그는 무엇으로부터
> 그토록 숨고 싶었을까요"

「사춘기」의 소녀는 잔뜩 겁에 질려 있습니다. 왜 「사춘기」라는 제목이 붙었을까 생각해봅니다. 이 소녀는 초경을 경험한 것 같습니다. 침대 시트와 손에도 붉은 자국이 있습니다. 어린이에서 소녀로 가는 관문인 이 경험은 참 두렵습니다. 정신적인 변화도 놀랍지만 육체적인 변화도 사춘기로 가는 큰 변화이기도 합니다. 소녀 뒤의 검은 그림자역시 두려움과 놀람을 대변해주는 듯합니다.

요양원에서 우울증 치료를 받던 뭉크는 자신의 정신질환이 치유되지 않기를 원했습니다. 정신질환이 오히려 창작 활동에 촉매 작용을 한다면서 말이지요. 질투·육욕·고독 같은 극단적인 감정을 표현하는데 능란했던 뭉크는 자신의 그림을 보는 사람들에게서 강력한 반응을 끌어내려 했습니다.

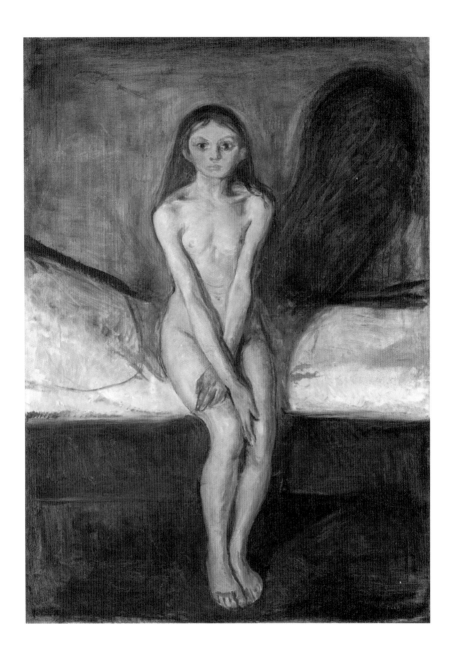

에드바르 뭉크

「사춘기」Puberty (1894–95)
캔버스에 유채, 151.5×110cm
노르웨이 국립박물관, 오슬로

뭉크의 작품에는 불안과 공포를 동반하는 죽음과 연관된 상징적인 이미지가 많이 등장합니다. 그중 자화상 시리즈는 '나는 누구인가?'라는 근원적인 의문 속에서 삶과 죽음을 인생의 전반적인 문제로 확대하여 받아들이려는 자세가 드러납니다. 뭉크에게 자화상은 객관적인 인생 기록이 아니라 내면의 고통을 되돌아보고 성찰하면서 자아의 정체성을 확인하는 수단이었습니다. 그래서 뭉크의 작품에 등장하는 인물을 보면 현실성이 부족하고 극단적인 표정을 짓고 있는 경우가 많지요. 특히 그는 죽기 몇 년 전인 1880년부터 죽음을 관념화하고 수용하려는 흔적이 보이는 수많은 자화상을 남겼습니다.

「담배를 든 자화상」에서 뭉크는 벽 뒤로 숨고 싶은 것일까요, 아니면 벽 앞으로 나오고 싶은 것일까요. 이 그림은 자연법칙을 위배하고 있습니다. 즉 손을 강조하기 위한, 손 주위의 푸르스름한 배경 처리는 뭉개진 아랫도리와 함께 뒷벽으로 이어지고 있지만 뒷벽은 가슴 앞의 손과 이어지면서 아이러니를 보입니다.

대체 뭉크는 무엇을 말하고 싶었던 걸까요. 얼굴과 담배가 가장 인상 깊게 눈에 들어오지만 실상은 벽 뒤로 숨고 싶은 뭉크의 마음을 표현하지 않았을까요. 그는 무엇으로부터 그토록 숨고 싶었을까요. 이 그림을 보고 있는 여러분은 무엇으로부터 숨고 싶은가요.

잔 로렌초 베르니니
「성숙한 남자로서의 자화상」Self Portrait as a Mature Man(1635)
캔버스에 유채, 53×42cm
보르게세 미술관, 로마

Gian Lorenzo Bernini

잔 로렌초 베르니니

천재라서 행복한가요

완벽주의자의 대표적인 특징은 자신 있는 분야는 확실히 하지만 불리한 일은 아예 하지 않으려는 것입니다. 관계를 맺을 때도 마음에 드는 상대에게 거절당하는 것이 두려워서 아예 접근하지 않거나 친구로 남아 있기도 하지요. 미술치료에서는 이런 완벽주의자들에게 이완 프로그램을 많이 실시하는데, 특히 점토를 많이 사용합니다. 점토는 원하는 대로 마음껏 변형시킬 수 있는 가소성이 가장 높기 때문입니다. 여기 점토를 쥐여주고 싶은 화가가 있어서 소개합니다.

바로크 시대의 뛰어난 건축가이자 조각가였던 잔 로렌초 베르니니

Gian Lorenzo Bernini, 1598-1680는 7세 때 교황 바오로 5세의 눈에 든 신동이었습니다. 그의 작품은 고전적 엄격성을 지키면서 유동적인 선과 통일적인 중량감을 나타내 우아하면서도 생명감이 넘칩니다. 특히 원근법을 드러내는 솜씨가 탁월해서 성당, 궁전, 조각, 분수, 장식 등 여러 방면에서 재능을 보였지요.

> "완벽함을 요구받을 때
> 나를 있는 그대로 보여줄 수 있나요"

이 자화상은 30대의 그가 남긴 자신의 모습입니다. 천재 조각가로 불렸던 베르니니의 명성만큼이나 날카롭고 신경질적인 면이 표정에 드러나는 듯하네요. 새벽을 연상시키는 바탕색이 그 곤두선 신경을 더욱 강조하는 것 같습니다. 아직 동트지 않은 사색의 시간에 선명하게 깨어 있는 정신. 불면증 환자와도 같은 신경질적인 모습이 보입니다. 이마에 힘줄이 보여서 더 신경질적으로 보이는 것도 같군요. 뒤로 대충 넘긴 헤어스타일은 단정하지도 않습니다. 수염은 잘 정리되어 있지만 꼿꼿하고 여유를 찾기 힘듭니다. 파리한 안색은 아스라한 새벽빛과 잘 어울리네요.

마르고도 강한 얼굴선, 자세는 비스듬하지만 시선만은 정면을 뚫고 있습니다. 여유로움보다는 진지함과 긴장감이 느껴지는 그는 분명 유머러스한 사람은 아니었을 겁니다. 예술이 인생의 전부인 고독한 천재랄까. 자신의 재능을 유감없이 발휘하기 위해 스스로를 날카롭게 몰아붙이고 노력했던 완벽주의자는 아니었을까요.

높은 목표를 설정하고 무결점으로 완수해내기 위해 노력하는 완벽주의자는 자기 향상과 자기 확인이라는 두 가지 심리기제와 맞물려 있습니다. 자기 향상은 자신을 더 나은 사람으로 보이고 싶어 하는 욕망이고 자기 확인은 있는 그대로 보여줌으로써 자신을 올바로 인식하려는 욕망입니다. 완벽주의자는 부족함이 없는 자신의 이미지를 자기 확인으로 보여주기 위해 모든 노력을 하지요. 그러나 자기 확인 욕망이 채워지지 않으면 방어적으로 바뀌기 쉽습니다.

휴잇Paul Hewitt 교수는 완벽주의의 유형을 다음 세 가지로 구분합니다. 첫째, '자기 지향 완벽주의'로 자기 스스로 자신에 대해 비현실적으로 높은 기준을 설정하는 것입니다. 둘째, '타인 지향 완벽주의'로 주변 사람들에 대해 비현실적으로 높은 기대 수준을 가지고 주변 사람들이 자신의 기준을 충족시켜주기를 바라는 것입니다. 셋째, '사회적 완벽주의'는 자기 스스로 높은 기준을 세우는 자기 지향 완벽주의에 비해 자신이 중요하게 여기거나 자신에게 많은 영향을 미치는 사람으로부터 완벽을 요구받는 상황에서 발생합니다.

베르니니가 표현해낸 그림 속 베르니니는 어떤 생각을 했을까요. 표정에 안정감이 없어 보입니다. 아마 그는 자화상을 그릴 때쯤 내면적으로는 황폐하거나 비어 있지 않았을까요. 천재 조각가로 추앙받지만 내면은 얼마나 행복했을까요. 이렇게 정면을 빤히 쳐다보고 있는 베르니니의 모습에서 '나는 누구인가?' 하는 실존의 고민이 느껴지는 듯합니다.

2. Desire

욕망

앤디 워홀
「6개의 자회상」Six Self Portrait(1966)
실크스크린, 114.3×171.5cm
샌프란시스코 현대 미술관

Andy Warhol

앤디 워홀

나 자신을 꽁꽁 숨기다

자화상 속 인물의 실제 생김새를 상상해봅시다.

앤디 워홀Andy Warhol, 1928-87은 화가보다는 할리우드 스타에 더 가깝지 않나요. 대량 소비사회인 미국의 속성에 들어맞는 팝아트의 선구자로, 가장 미국적인 작가인 앤디 워홀은 실제로 대머리에다 그리 잘생긴 편은 아니었다고 합니다. 그러나 생전에 남긴 자화상 속의 그는 가발을 쓰고 선글라스를 착용해 잘 꾸며진 스타의 모습을 보여주고 있습니다.

평소에도 그는 "마티스처럼 되고 싶다"라든가, "나는 언제쯤 유명해질까?"라는 말을 달고 살았다고 합니다. 하지만 정확히 워홀이 어떤 사람이었는지는 알기가 어렵죠. 자신을 드러내기보다는 꽁꽁 숨겨놓은 듯합니다. 워홀은 자신이 어떤 사람이냐고 사람들이 물어볼 때면 이렇게 답했다고 합니다.

"나를 알고 싶다면 작품의 표면만 봐주세요. 뒷면에는 아무것도 없습니다."

'나'를 하나의 이미지로 표현해야 한다면 어떻게 하시겠습니까. 글로 표현한다면 어떤 단어와 문장으로 설명할 수 있을까요. 우리의 머릿속에는 수많은 '나'가 존재합니다. 심리학에서는 '나'를 인식하는 방법에 따라 세 가지의 '나'가 있다고 설명합니다. '되고 싶은 나' '노력하면 될 수 있는 나' '실제의 나'입니다. 이런 '나'를 토대로, 우리는 자신이 어떤 사람인지 자기 개념을 정립하고 다른 사람과 관계를 맺습니다. 내가 보는 '나'가 아니라 다른 사람이 보는 '나'도 스스로를 규정하는 데 큰 영향을 미치죠.

예를 들면 마음에 드는 옷을 입고 주변 사람들에게 "이 옷 어때? 나에게 어울려?"라고 물었다고 합시다. 이때 누군가가 잘 어울린다는 말을 해주면 그 옷이 단박에 더 좋아진 적이 있지 않은가요. 타인의 평가가 자기 개념 구성에 많은 영향을 준다는 사실을 알 수 있는 예입니다. 타인의 평가에 너무 영향을 받는다면 다른 사람에게 끊임없이 자신을 확인하고 평가받으려고 하지요. 반면 앤디 워홀은 자신이 무엇을 원하는지, 어떤 사람인지 확실히 알았기 때문에 다른 사람이 자신을 어떻게 여기는지는 크게 중요하지 않았던 듯합니다.

미국에 정착한 슬로바키아 이민 가정에서 태어난 앤디 워홀은 돈과 명성에 대한 욕망이 강했다고 합니다. 이러한 점 때문에 다른 사람들에게 많은 비판을 받았다고도 전해집니다. 하지만 워홀은 "그게 뭐 어때서?"라는 말로 쿨하게 넘겼다고 합니다. 그의 자화상에서도 이러한 특징을 고스란히 볼 수 있습니다.

> "되고 싶은 나, 노력하면
> 될 수 있는 나, 실제의 나 가운데
> 진짜 나의 이미지는 무엇일까요"

첫 번째는 자신의 이미지를 영화나 잡지에서 흔히 접하는 할리우드의 스타로 변신시키고 있다는 점입니다. 손가락을 입에 댄 포즈는 할리우드 스타들의 전형적인 자세죠. 또한 이 작품은 실크스크린 기법으로 제작해 얼마든지 재생산할 수 있습니다. 두 번째는 내면을 드러내지 않는다는 점입니다. 사진이라는 고도의 기계적인 방법을 사용했음에도 그의 자화상은 전혀 사실적이지 않습니다. 중간 톤을 삭제하고 극단적인 어둠과 밝음만 교차시킨 강한 명암 대비에 의해 얼굴의 잔잔한 세부들은 완전히 지워져버렸죠.

「6개의 자화상」 시리즈는 강렬한 명암의 교차 속에 얼굴 왼쪽이 검은 그림자로 완전히 지워져 있습니다. 남아 있는 오른쪽도 눈, 코, 입으로 이어지는 오목한 부위의 그늘과 나머지 부분을 양분하는 객관적인 명암 처리로 온전한 형태를 유지하고 있다고는 보기 어렵습니다. 여기에 손가락을 입술에 대고 있는 스타들의 전형적인 포즈를 취함으로써 침묵을 상징하는 동시에 개성을 배제하고 있지요. 또한 실크스크린 판에 따라 붉은색, 초록색, 보라색 등 얼굴은 다양한 빛깔로 변화합니다. 얼굴에 사용하기에는 지나치게 화려한 이 색채들은 회색 또는 형광색까지 감돌고 있어서 비현실적입니다.

전통적으로 자화상은 자신을 탐색하고 드러내기 위한 수단이었습니다. 이렇게 아무것도 보여주지 않는 자화상은 반대로 아무것도 아닌 자가 되고 싶은 욕망의 진솔한 표현입니다. 동시에 미국 사회에서 당당히 승리를 거둔 위풍당당한 기운도 볼 수 있습니다. 현대인들이 앤디 워홀의 자화상이나 작품을 보면서 열광하는 것도 그 때문일 것입니다. 다른 이들의 반대에도 굴하지 않고 자신의 의견을 당당하게 표현하고, 새로운 시도를 멈추지 않는 모습에 대리 만족을 느끼는 게 아닐까요.

예술은 아름다워야 하고, 예술가는 일반인들과 달리 고상해야 하고, 돈을 밝히기보다 작품의 예술성에 집중해야 한다, 그리고 배가 고파야 영혼을 쏟아내는 좋은 작품이 탄생할 수 있다고 여겨지던 시대였습니다. 예술가들이 다양한 직업을 가진다는 건 상상하기 힘든 시대였습니다. 그런데 앤디 워홀은 다양한 기법을 접목한 팝아트라는 새로운 장르를 활성화시키고 대가로서 입지를 굳힙니다.

우리가 아는 앤디 워홀의 모습은 너무나 대중적이고 진지하지 못해 장사꾼처럼 보일 수 있습니다. 그러나 실제로 그는 내성적인 사람이었습니다. 겉보기에는 문란하고 화려한 생활을 즐겼으리라 생각되지만, 죽은 뒤에 보니 검소한 생활의 일면을 볼 수 있었다고 합니다. 앤디 워홀에게 외부에 비춰지는 자신의 모습은 철저히 스타처럼 표현되어야 하는 것이었습니다.

최근 방송에서 보여지는 스타들의 모습과 실생활에서 드러난 실제 모습이 많이 차이가 나서 내가 좋아했던 스타가 맞나 하는 의문이 들 때가 많습니다. 사실 스타라는 사람들 역시 대중에게 보여지는 자신의 가면에 상당히 불편해하고 있습니다. 그 무게를 견디지 못하고 극단적인 선택을 하는 경우도 있습니다.

우리가 스타를 좋아하는 이유는 대리 만족을 위해서입니다. 내가 할 수 없고 내가 가질 수 없는 욕망을 스타를 통해 만족시키고 있습니다. 때론 나와 같은 아픔을 겪고 성공한 것에 대한 동질감도 갖게 됩니다.

남에게 보여주고 싶은 나의 긍정적인 모습들을 건강하게 표현하는 것이 중요합니다. 건강한 페르소나를 갖기 위해서는 평소부터 나를 잘 관리해야 합니다. 내가 아닌 다른 사람의 평가나 인기에만 몰입하는 건 위험합니다. 이게 바로 과잉이고 과몰입입니다. 내 자신의 내면이 충분히 성장해야 합니다. 내면의 나와 소통하고 외적 평가에 비춰지는 내 모습도 살펴가는 균형이 필요합니다.

아돌프 히틀러
「자화상」Self Portrait(1910)
종이에 수채, 23.4×41.6cm
개인 소장

Adolf Hitler

아돌프 히틀러

우울감이 만든 괴물

독재자 아돌프 히틀러Adolf Hitler, 1889-1945가 화가 지망생이었다는 사실을 아는 사람은 많지 않을 것입니다. 그의 행적을 돌이켜보면, 그가 과연 아름다움을 추구하는 사람이었을까 하는 의심이 들지요. 1907년 10대였던 히틀러는 빈 미술학교에 입학하려 했지만 재능이 없다는 이유로 두 차례나 거부당했다고 합니다. 이후 그는 빈의 기념물들을 관광객에게 팔면서 식당이나 노숙자 보호소에서 잠을 자고 굶주리는 생활을 하며 절망과 궁핍에 시달렸다고 합니다.

히틀러는 자신이 미술에 실패한 이유는 유대인이 미술품 거래를 독점해서라고 생각하고 반유대주의를 가슴에 품게 됩니다. 이후 진로를 바꿔 린츠 실업학교에 진학하면서 그의 화가 생활은 단절되는 듯했지만, 꾸준히 작품을 남겼습니다. 정치가가 된 이후에는 예술가들의 군복무를 면제하고 전쟁 중에도 모든 오페라하우스와 극장과 박물관의 문을 열게 했습니다. 물론 유대인의 작품과 현대적인 작품은 예외였지만요.

그가 어떻게 그런 끔찍한 일을 저지를 수 있었을까 궁금하다면 자화상에서 답을 찾을 수 있겠습니다. 히틀러의 자화상으로 알려진 앞의 그림은 1945년 연합군 주임원사였던 윌리 매케나에 의해 발견되었습니다. 고문서 전문가인 리처드 웨스트우드 브룩스는 이런 평화적인 그림을 그렸던 사람이 괴물로 변한 것이 신기하다고 말하기도 했지요. 그는 그림을 그릴 때 연필·종이·물감 등 편안한 도구를 사용해서 일기를 쓰듯 자신의 스트레스를 풀었던 것 같습니다.

다리 위에 홀로 걸터앉아 있는 청년의 머리 위에 그려진 ×자 표시와 아돌프 히틀러의 이니셜인 'A.H.'는 그가 히틀러임을 나타냅니다. 코와 입은 생략된 채 콧수염만 희미하게 그려져 있네요. 얼굴을 뭉뚱그려서 표현하는 것은 그림을 그린 사람의 모호한 정신세계를 반영합니다. 무엇을 보고 듣고 말해야 하는지 스스로도 혼란스러워하거나 아니면 그런 상태를 무의식적으로 감추는 것이지요. 머리 위의 ×자 또한 자신을 부정하는 것으로 보입니다.

그림 속의 인물은 왼쪽에 편중되어 있는데 이는 그의 심리 상태가 과거에 머물거나 과거의 기억이 현재의 삶에 많은 영향을 미치고 있음을 보여줍니다. 이목구비를 그리지 않은 것에 비해 이니셜을 진하게 쓴 것은 과거의 삶을 잊고 돌다리, 즉 삶을 걸어가려는 의지를 다지는 것으로 해석됩니다. 그러나 다리는 튼튼해 보이지 않고, 다리 아래로 흐르는 강물의 색깔도 연합니다. 무엇보다 소년은 밝지도, 힘차 보이지도 않습니다. 주춤거리는 인생에 대한 불안이 오롯이 전해집니다. 우리가 알고 있는 히틀러와 다르게, 히틀러의 내면 속 자아는 작고 나약한 존재였음을 엿볼 수 있습니다.

1914년 제1차 세계대전이 발발하자 독일에 대한 애국심이 강했던 히틀러는 독일군에 입대해 무공을 세웠습니다. 독일 패전 직후 오히려 군대에서 받은 정신교육을 통해 반혁명사상으로 정신무장을 하게 됩니다. 1918년은 독일 패전으로 제1차 세계대전이 끝난 해였지만 히틀러 개인에게는 정치인으로 탄생하는 중요한 시기라고 볼 수 있습니다. 뒤쪽 그림은 패전한 독일 전쟁터를 보면서 의지를 다지는 군인 히틀러의 자화상입니다.

히틀러의 그림에는 사람이 혼자인 경우가 많습니다. 누구에게도 속 깊은 마음을 드러내지 못하기 때문이기도 합니다. 자연 안에 사람이 작게 표현되거나 한두 명쯤이 대부분입니다. 사람에 대한 신뢰가 없거나 큰 의미를 두지 않는 경우입니다. 이 그림은 앞의 그림과 다르게 사람이 크게 그려져 있습니다. 자신감이 생겼다고 볼 수 있습니다.

방송 촬영을 위해 연예인을 대상으로 미술치료를 한 적이 있습니다. 그런데 방송에서 쾌활해 보였던 그들은 자신을 한쪽 구석에 치우치게, 왜소하게 그렸고 색깔을 별로 칠하지도 않았습니다. 외향적인

아돌프 히틀러

「전장의 벽」Battlefield's Wall (1918)

종이에 연필, 개인 소장

모습은 방송에서의 모습일 뿐, 깊은 내면의 소리는 다를 수 있는 것이지요. 하지만 이것이 비정상적이지는 않습니다. 겉모습은 진정한 모습이 아닐 수 있습니다. 연예인이 지닌 타고난 끼라는 것은 다른 사람 앞에서 인정받을 때나 발휘되는 것이니까요.

"타고난 열정과 재능은 어떻게 발휘되느냐에 따라 달라집니다"

열정을 타고난 사람은 그 열정을 어느 쪽으로 발산하느냐에 따라 평가가 달라집니다. 이를테면 칼이나 피에 흥분하고 좋아하는 사람이 그 에너지를 의학에 쏟는다면 유명한 외과의사가 될 수있지만 그렇지 않을 경우 끔찍한 살인마가 될 수도 있겠지요.

조선시대 연산군은 시·그림·음악에 능했고 로마제국의 네로 황제도 음악 등 예술에 대단한 재능을 가진 사람이었습니다. 그들은 나름대로 올바른 방향이라고 생각하고 열정과 재능을 발산했지만 결과적으로는 폭군이라는 역사적 평가를 받았습니다. 재능을 어떻게 발휘하는지에 따라 그 사람의 재능은 좋을 수도 있고, 아닐 수도 있습니다. 상실에 대한 우울감과 삶에 대한 불안감을 유대인 학살이라는 가장 극명하고도 거대한 표출을 통해 해소하고자 한 것은 부적응적인 행동 양식이라고 볼 수밖에 없습니다.

막스 에른스트
「자화상」Self Portrait(1909)
캔버스에 유채, 18.1×12.1cm
개인 소장

Max Ernst

막스 에른스트

무언의 혁명을 꿈꾸다

공상은 일종의 방어기제 혹은 긴장 해소기제입니다. 만족스럽지 못한 현실에서 이루어지지 못하는 소망과 욕구에 대해 가상으로 만족을 주는 백일몽과도 같지요. 이것은 만족을 얻기에는 쉬운 방법이지만 공상과 현실의 경계를 지키지 못하면 현실 부적응을 낳기도 합니다.

정신병까지는 아니지만 공상을 즐겼던 화가가 있었습니다. 커다란 눈망울로 자신을 표현한 막스 에른스트Max Ernst, 1891-1976입니다. 독일의 중산층 가톨릭 가정에서 태어난 그는 본 대학교에서 철학과 심리학을 공부하던 중 정신병 환자들을 위한 요양소에 실습을 갔습니다. 그곳에서 환자들의 회화와 조각 작품 등을 본 에른스트는 '정신병 환자들이 그린 그림이야말로 천재적'이라며 큰 감동과 충격을 받았습니다. 그는 자신도 환상적인 그림을 그리고 싶다는 마음에 곧바로 미술을 독학하기에 이릅니다. 일부 평론가들은 에른스트를 '철학파 화가'라고 부르기도 하는데 젊은 시절의 학업은 그가 철학적인 그림을 그리는 데 큰 도움이 됐습니다.

> "공상은 현실을 회피하고
> 공상 속에서 만족을 얻으려는
> 심리를 반영합니다"

그는 제1차 세계대전 당시 4년 동안 독일군으로 참전한 경험 덕분에 세상의 부조리에 눈뜨게 됩니다. 이후 허무주의적 미술 운동인 다다이즘dadaism으로 전향해 철저한 무정부주의자가 되었고 예술에서 무의식적인 요소의 중요성을 강조했습니다. 이런 인식의 변화는 그의 작품 세계에도 영향을 미쳐서 그의 분신이라고 할 수 있는 인간 새 '로프로프'Loplop 재현에 중요한 영향을 미쳤지요. 에른스트는 자주 자신을 새에 비유했고, 실제로 그의 작품에는 새가 많이 등장합니다.

1948년 막스 에른스트는 자서전 첫 구절에 이렇게 썼습니다.

"막스 에른스트는 1914년 8월 1일에 죽었다. 1918년 11월 11일 그는 마술사가 되어 그의 시대에 중요한 신화를 찾고 싶어 하는 젊은이로 다시 태어났다."

1914년은 에른스트가 프로타주, 콜라주, 그라타주, 데칼코마니 같은 기법들을 새롭게 고안한 시기입니다. 그는 자신을 로프로프로 대치시켜서 자신의 무의식을 생산적인 공상으로 펼쳐냈지요. 에른스트의 모든 그림을 보지 않아도 자화상만으로 에른스트가 자신의 의식과 무의식에 얼마나 충실했는지를 알 수 있습니다. 상상과 현실의 경계를 확실하게 알고 자신을 정확하게 이해하는 사람에게서만 나오는 자신감을 그의 표정에서 엿볼 수 있지요. 단순히 상상을 뛰어넘어 자신의 의식과 무의식의 경계를 정확하게 알고 있었던 에른스트는 가장 뛰어난 초현실주의자일 것입니다.

공상은 앞서 언급했듯이 자신의 현실에서 수용되지 못하는 성적·과대적·공격적 소망을 가상으로 만족시키는 것을 말합니다. 대부분의 정신 활동은 무의식적으로 이루어지는데 우리가 의식적인 환상이라고 알고 있는 것은 사실 무의식적 사고 유형들이거나 심리 구조의 파생물입니다. 친구가 없는 아이들이 공상을 통해 상상의 친구를 만들어내는 것처럼 공상은 현실을 회피하고 공상 속에서 만족을 얻고자 하는 심리를 반영하기도 합니다.

에른스트 역시 세상의 부조리를 인식하면서 현실을 직면하는 대신 공상에서 만족을 얻으려 했던 것으로 보입니다. 그러나 자유와 선도를 상징하는 새가 작품에 자주 등장한 것과 다다이즘 운동에 참여한 것에서 알 수 있듯이, 그는 현실을 회피하며 방관하기보다는 공상을 통해 무언의 혁명을 꿈꾸며 새로운 사회적 물결을 이끄는 선구자적인 역할을 하고 싶었던 게 아닐까요.

후지타 쓰구하루

「자화상」Self Portrait(1932)

실크에 수채, 51.4×39.4cm

개인 소장

Foujita Tsugouharu

후지타 쓰구하루

나는 희생양입니다

이솝 우화에 나오는 여우와 포도 이야기입니다. 여우는 포도를 먹고 싶었지만 너무 높이 달려 있어 포기하면서 "저 포도는 분명히 실 거야"라고 말합니다. 여우는 포도를 먹지 '않'은 것일까요, 먹지 '못'한 것일까요. 이 유명한 이야기는 이루지 못한 것을 우리가 어떻게 합리화하는지를 잘 보여줍니다.

자화상 속 주인공은 턱을 괴고 상대를 응시하고 있습니다. 배경이 기울어져서일까요. 어쩐지 앉아 있는 그의 모습이 편하게 느껴지지 않습니다. 후지타 쓰구지라고도 불리는 후지타 쓰구하루藤田嗣治, 1886-

1968는 일본풍의 그림에 프랑스 유화기법을 적용한 화가이자 조각가로서 20세기 초 유럽에서 가장 성공한 일본 화가입니다. 먹물로 가늘고 검은 윤곽선을 그리는 일본의 전통을 이어받은 후지타는 선을 중시하는 동양의 화풍으로 서구적인 주제를 그렸습니다.

당시 파리에서는 우키요에浮世繪, 서민계층을 기반으로 발달한 풍속 목판화가 높은 평가를 받고 있었고, 후지타는 우키요에의 섬세한 선을 일본화에서 사용하는 가느다란 면상필을 써서 유화로 표현했습니다. 후지타가 그린 1932년의 자화상을 보면 마치 카메라를 응시하는 듯한 강하고 조용한 시선에서 화가로서의 자신감이 느껴집니다.

> “이루지 못한 것을
> 어떻게 합리화할까요”

그는 프랑스에서는 인정받았지만 정작 일본에서는 제2차 세계대전 당시 종군화가로 활동하며 적극적으로 전쟁화를 그렸다는 이력으로 배척당했습니다. 결국 후지타는 1950년 다시 파리로 돌아가 프랑스 국적을 취득하고 영원히 일본을 떠납니다.

프랑스로 이주한 후지타가 주로 그린 것은 어린아이입니다. 하지만 아이들은 천진하고 귀여운 모습 대신 전쟁의 추악함을 경험한 염세적이고 차가운 모습으로 표현되고 있지요. 스스로를 전쟁의 희생양이라고 생각하고 자신과 전쟁을 경험한 아이를 동일시한 것입니다. 그가 이렇게 하기까지 어떤 심리적 과정을 겪었을까요.

사회정체감 이론에 따르면 사회적 행위는 개인과 개인의 관계, 집단 내 개인과 개인의 관계로 구분됩니다. 대인 행위는 개인적 정체감을 바탕으로, 대집단 행위는 집단 정체감을 바탕으로 이루어집니다. 집단 정체감이 위협받는 상황에서 사람들은 집단 이탈 혹은 심리적 이탈을 통해 비교 대상을 바꾸거나 자신의 불리한 특성을 탓함으로써 자존심을 보호합니다. 자기 합리화이자 위안이라고 볼 수 있습니다.

자신이 속한 사회에서 경쟁이 힘든 경우 밖에서 이기고 돌아오는 것도 하나의 방법입니다. 후지타 쓰구하루도 일본에서 낮은 평가를 받았지만 유럽에서는 새로운 인상을 줌으로써 성공을 꾀했는지도 모릅니다. 그러나 일본 사회가 다시 받아들이지 않았기 때문에 심리적인 트라우마는 치유되지 않고 계속 남아 있었던 것입니다.

어떤 방식을 취하느냐는 현재 집단 관계의 안정성과 정당성에 달려 있습니다. 사회 안에서 위치에 대한 주장은 절대적 박탈감보다는 상대적 박탈감에 영향을 받으며, 개인적 박탈보다는 집단적 박탈에 대한 인식이 크게 작용합니다. 후지타는 서양화를 배우기 위해 프랑스로 유학 가서 일본적인 특징을 내세움으로써 성공했습니다. 이는 서구를 받아들여 아시아에서 벗어나고자 했으며 전통을 추구해 서양과의 차이를 부각하려 했던 근대 일본의 모습과 닮아 있습니다.

또한 아시아와 세계를 전쟁으로 이끌었으면서도 패전 후에 자신도 전쟁의 피해자였음을 주장했던 일본의 모습과 말년에 자신에 대한 비난이 쇄도하자 그림 속에서 스스로를 희생양으로 표현했던 후지타의 모습은 묘하게 겹친다는 생각이 듭니다.

프레더릭 레이턴
「실타래 감기」Winding the Skein(1878)
캔버스에 유채, 100.3×161.3cm
뉴사우스웨일스 미술관, 시드니

Frederick Leighton

프레더릭 레이턴

더 단단한 나를 만들고 싶다면

혹시 뜨개질을 해본 적이 있나요. 뜨개질은 한 줄의 실을 서로 엮어 모자, 조끼, 장갑 등 새로운 의류로 다시 태어나게 합니다. 그런데 뜨개질을 하다 보면 실을 관리하기가 무척 어렵습니다. 누군가 툭 쳐서 실이 얽혀버린다든가, 나도 모르는 사이에 실이 바닥에까지 풀려버리기도 하지요.

그럴 때는 실타래를 처음부터 다시 감는 과정을 거쳐야 합니다. 생각만으로도 번거롭게 느껴지지요. 그러나 팔이 아파올 만큼의 시간을 들여 실타래를 원래대로 다 감으면 실타래가 전보다 더 동글동글

하고 단단하게 바뀝니다.

평온해 보이는 앞의 그림 속 여인들도 무언가 생각에 잠긴 듯 실타래를 정성스럽게 다시 감고 있습니다. 그림처럼 우리도 매번 이러한 과정을 거치는 건 아닐까요.

"내 잘못일까, 왜 그런 일이
생겼을까 자책하기보다
자신의 고민부터 해결하세요"

화가 프레더릭 레이턴Frederick Leighton, 1830-96은 당대 고전주의 화풍의 대가였음에도 근면 성실하게 작품 활동을 했습니다. 어려서부터 공부를 게을리하지 않고 다작을 했을 뿐만 아니라 난청 때문에 건강이 나빠졌을 때도 붓을 놓지 않고 그림으로 세상과 소통했습니다.

그가 그린 이 그림은 두 여인의 행위를 통해 자신의 마음 혹은 우리의 인생사를 묘사하는 것 같습니다.

그림 속의 여인들은 꽤 많은 실을 감은 것처럼 보입니다. 담담한 눈빛과 차분한 손동작으로 이 일을 감내하는 모습이 인상적입니다. 시원하면서도 정적인 야외 배경도 묘한 그녀들의 표정과 잘 어울립니다. 역동적인 그림은 아니지만 그림 속의 요소들을 살펴볼수록 잔잔한 바람과 선선한 날씨가 느껴져서 보는 이의 마음을 편안하게 합니다.

이제 가만히 자신을 감싼 고민의 실타래를 들여다보세요. 실이 자신을 감싸고 있어도 답답해하지 않는 그림 속 왼쪽 여인의 우아한 모습처럼 말이죠.

어떤 일이 생겼을 때 '내 잘못일까? 왜 그런 일이 생겼을까?' 자책하기보다는 자신의 고민을 바로잡는 것부터 시작하세요. 객관적으로 나를 바라보는 시간을 통해 자신감을 회복하고 포용력을 기르는 것이 진정한 여유입니다.

당장 당당함과 여유로움을 찾기 어렵다면 스트레스를 해소하기 위해 본인만의 취미를 찾고 자신을 객관적으로 마주하세요. 이를 통해 나의 강점을 더욱 발전시키는 것이지요. 자신의 귀한 장점은 어느 정도 표현하는 것이 좋습니다.

우리는 살면서 수많은 관계와 평가의 늪에 빠집니다. 누군가가 날 보고 웃지 않고 날 피하는 것 같다고 금방 실망할 필요는 없습니다. 풀리고 엉킨 실타래를 정성껏 다시 감는 여인들처럼 담대하게 감정을 정리해보는 것부터 시작해보세요. 물론 시간도 걸리고, 노력도 더 들여야겠지요. 하지만 더 단단한 나를 만들어가는 과정이라고 생각한다면 결코 헛된 일이 아닐 것입니다. 오히려 의외의 가치를 찾을 수 있을 것입니다.

장 마크 나티에
「매듭을 만들고 있는 아델라이드 공주」Madame Adélaïde de France Tying Knots(1756)
캔버스에 유채, 89.8×77.2cm
프랑스 역사 박물관, 베르사유

Jean-Marc Nattier

장 마크 나티에

능력을 발휘하고 싶어

10년 전에 사진 찍힌 나의 얼굴과 10년 후에 사진 찍힐 나의 얼굴은 얼마나 달라져 있을까요. 전체적으로 한 사람의 인생을 보면 수많은 굴곡이 있기 마련입니다. 한 인물에 대해서도 시기별로 그려진 자화상을 살펴보면 그 사람의 인생을 짐작할 수 있습니다.

프랑스 루이 15세와 마리 레슈친스카 왕비의 넷째 딸로 태어난 아델라이드 공주는 다른 자매들과는 달리 정치적인 영향력을 행사하고 싶어 했습니다. 뛰어난 기수였던 그녀는 아버지와 승마를 자주 즐겼고 궁정 가까이에 거처를 잡는 등 베르사유궁의 공식적인 실세로 자리매김했습니다.

장 마크 나티에 Jean-Marc Nattier, 1685-1766의 초상화 「사냥의 여신 디아나의 모습으로 표현된 아델라이드 공주」에서 10대 초반의 아델라이드 공주는 사냥과 달의 여신 디아나의 상징인 초승달 모양의 머리 장식에 짐승 가죽을 두르고 활과 화살을 지니고 있습니다. 당시에는 왕족이나 귀족을 그리스 로마 신화에 나오는 신의 모습으로 그렸는데, 여신 디아나의 특성으로 미루어보아 아델라이드가 단호하고 활달한 성격이었음을 알 수 있습니다.

> "자신의 적성에 맞는 일을
> 하지 못하면 새로운 불만이
> 나타날 수 있습니다"

「매듭을 만들고 있는 아델라이드 공주」를 보면 그녀의 변화가 감지됩니다. 매듭 짓기는 베틀 따위에 쓰는 북을 이용해서 옷감의 올을 풀고 최대한 단단한 매듭을 짓는 놀이로 18세기 중반 궁정 여인들의 대표적인 놀이였습니다. 소소한 놀이를 하는 공주의 모습이지만 실을 팽팽하게 잡아당기면서 정면을 바라보는 흔들림 없는 시선에서는 강인한 성격이 여실히 드러납니다.

이 초상화가 그려진 24세 때의 그녀는 오빠인 왕세자 루이에게도 영향력을 행사하고 있었습니다. 실을 팽팽하게 당기는 모습은 베르사유 궁정을 뜻대로 당기고 놓으면서 마음대로 움직이고 싶은 욕망을 반영하는 것인지도 모릅니다.

심리학자 매슬로Abraham H. Maslow의 '인간의 동기부여에 관한 이론'에 따르면 인간은 다섯 가지 욕구를 단계별로 가지고 있습니다. 첫째 생리적인 욕구, 둘째 안전의 욕구, 셋째 친교의 욕구입니다. 이 욕구가 채워지면 넷째 다른 사람에게 존경을 받고자 하는 욕구, 다섯째 자신의 잠재 능력을 극대화하고자 하는 자아실현의 욕구를 채우고자합니다. 자아실현의 욕구는 욕구 단계에서 가장 높은 정점입니다.

자아실현의 욕구는 인생에서 얼마나 중요한 역할을 할까요. 매슬로는 사람이 자신의 적성에 맞는 일을 하지 못하는 상황에서는 새로운 불만이 나타날 수 있다고 말합니다. 음악가는 음악을 만들어야 하고 화가는 그림을 그려야 하며 시인은 시를 지어야만 궁극적으로 자신의 내부에서 평정을 찾을 수 있다는 말이죠. 즉 자신의 역량에 맞는 일이라면 기어이 해야만 직성이 풀리는 것이 바로 '자아실현의 욕구'입니다.

따라서 하고 있는 일에 불만족하거나 어떠한 동기부여도 느끼지 못하는 무기력한 상태라면 현재 자신의 욕구가 제대로 충족되고 있는지를 점검해봐야 합니다.

부유한 나라 프랑스에서 태어나 남부러울 것 없는 공주로 살았던 아델라이드가 추구했던 욕망은 존경과 자아실현이었을 것입니다. 그녀에게 자아실현이란 무엇이었을까요. 누구보다 정치와 권력의 중심에 있었지만 아버지나 오빠와 달리 '왕'이 될 수 없었던 그녀는 최대한 왕정을 쥐락펴락하면서 왕 이상의 실세가 되기를 원했을 것입니

장 마크 나티에
「사냥의 여신 디아나의 모습으로 표현된 아델라이드 공주」
Marie Adélaïde of France as Diana (1745)
캔버스에 유채, 95×128cm
우피치 미술관, 피렌체

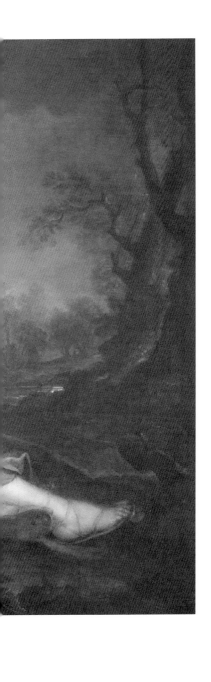

아델라이드 라비유 귀아르
「아델라이드 공주 초상화」Portrait of Madame Adélaïde(1787)
캔버스에 유채, 271 × 194cm
프랑스 역사 박물관, 베르사유

다. 하지만 그녀는 소망했던 것처럼 베르사유 궁정을 쥐락펴락하지는 못했습니다.

56세의 아델라이드 공주를 그린 왼쪽 초상화를 보면 이전 두 점의 초상화와는 달리 가장 궁정에 어울리는 우아하고 아름다운 공주의 모습으로 남아 있는 듯합니다. 그녀는 아버지의 정부인 퐁파두르 후작 부인의 강력한 권력을 능가하지 못했고 세월이 흘러 루이 16세가 즉위한 후에는 베르사유의 뒷방 늙은이로 지내야 했습니다.

프랑스 대혁명이 일어난 후 아델라이드 공주는 그때까지 유일하게 살아 있던 자매 빅투아르와 함께 이탈리아로 도피해서 그곳에서 쓸쓸히 세상을 떠났다고 합니다. 자신의 삶에 순응하며, 개인적으로나 사회적으로 저항하지 않았던 것이지요.

지금 누군가 여러분의 모습을 그림으로 남긴다면 어떻게 묘사할까요. 그리고 몇십 년 후 나의 모습은 어떻게 초상화에 담길까요. 자신이 원하는 모습으로 남겨지기 위해서 무엇이 필요할까요. 세월을 담고 있는 자화상은 어떻게 살아갈지에 대해 생각할 거리를 던져줍니다.

장 오귀스트 도미니크 앵그르
「자화상」Self Portrait (1865)
캔버스에 유채, 64×53cm
안트베르펜 왕립 미술관

Jean Auguste Dominique Ingres

장 오귀스트 도미니크 앵그르

완벽주의자들의 성향

화가들은 크게 두 부류로 나뉩니다. 풍류를 즐기듯이 자유로운 분위기 속에서 창작 활동을 즐기는 이들이 있는가 하면, 아주 꼼꼼하고 섬세하게 완벽주의를 추구했던 이들도 있지요. 화가가 아니더라도 성공한 사람들의 경우 자기 일만큼은 완벽주의자처럼 해내서 인정을 받습니다. 하지만 완벽주의도 상대적이라는 생각이 듭니다. 저도 일할 때 완벽주의자처럼 치밀하다는 이야기를 듣습니다. 그렇다고 성격이 꼼꼼한 것은 아닙니다. 정리정돈을 해놓고 일해야 머리가 맑아진다는 남편과 어수선한 가운데 일을 해야 창의성이 나온다는 저는 여러 면에서 부딪히는 일이 많으니까요. 어쩌면 완벽주의는 상대적인 특질일 수도 있습니다.

신흥 낭만주의 화풍에 대항했던 고전파의 중심 장 오귀스트 도미니크 앵그르Jean Auguste Dominique Ingres, 1780-1867는 완벽주의 화가의 대표 주자입니다. 그는 초상화를 제작하는 경우에도 잠깐 동안의 표정이라든가 얼굴에 떨어지는 순간적인 빛을 그리는 대신 오직 이상적인 아름다움만을 추구했습니다. 또한 화면에 어떤 노력의 흔적도 남기지 않는 것을 모토로 했기 때문에 그림의 바탕을 항상 매끄러운 거울과 같이 맑게 하여 비현실적인 효과를 냈지요.

앵그르는 평소에도 추하고 지저분한 것을 매우 싫어했다고 합니다. 그 때문에 그의 아내는 주위의 더러운 것을 매번 손으로 가려야 했다는데, 이런 점에 비추어보면 앵그르는 아주 아름답고 깨끗한 것을 추구하는 심미적이고 결벽증적인 증세를 보였던 것으로 추측됩니다.

1865년의 자화상에서 앵그르는 훈장과 메달을 자랑스럽게 단 근엄한 모습으로 75세의 노익장을 과시하고 있습니다. 죽기 2년 전 모습인데도 매우 당당해 보입니다. 그는 자신의 가장 좋은 모습을 마치 유서같이 남기고 있습니다. 높은 지위와 권력을 자랑하는 표정이 역력합니다. 앵그르의 자화상은 실제 나이에 비해 젊고 싱싱합니다. 그는 남녀를 불문하고 5년 내지 10년은 젊게 그렸습니다. 매우 사실적이면서도 매끄러운 묘사로 그림이 부드러운 느낌에 싸이면서 나이 든 느낌이 없어져 오히려 사실성이 약화되었던 것입니다. 이렇게 섬세한 질감의 표현은 상류층의 고급스러운 취향과도 맞았지요.

"건강하게 오래 살고 싶다면
오늘의 일은 잠시 내일로 미뤄두십시오"

빌링Peter Bieling에 따르면 완벽주의는 '적응적 완벽주의'와 '부적응적 완벽주의'로 구분되며, 적응적 완벽주의는 자기 스스로 극도로 높은 기준을 설정해놓고 이에 도달하기 위해 일을 조직적으로 처리해나가면서 꾸준히 노력하는 성향을 의미합니다. 부적응적 완벽주의는 자신의 수행에 대해 지나치게 비판적이고 자신의 사소한 실수를 용납하지 않으며 심지어 최선을 다해 얻은 자신의 성취에 대해서도 만족감을 느끼지 못하는 성향을 일컫습니다.

앵그르가 적응적 완벽주의자였는지 부적응적 완벽주의자였는지는 알 수가 없습니다. 하지만 이런 완벽주의 성향 때문에 앵그르는 현실에 대한 집착뿐만 아니라 그 속에서 발견되는 아름다움 또한 놓치지 않을 수 있었지요. 앵그르는 특히 소묘 부분에서 최고의 화가로 손꼽히는데, 완벽주의 성향을 기반으로 정확한 소묘를 그려냈고 그 결과 그의 작품에는 비례, 균형, 조화라는 고전적인 원칙들이 우아하게 담길 수 있었습니다.

암 환자들에게서 완벽주의적 성향이 많이 드러납니다. 스트레스는 특히 암과 깊은 관계가 있습니다. 완벽주의자는 정확하지 않으면 스트레스를 받으면서 두고두고 괴로워합니다. 그러니 건강하게 오래 살고자 한다면, 인생의 모토를 '오늘 할 일을 내일로 미루자'로 바꿔야 하겠지요.

레오나르도 다빈치

「모나리자」Mona Lisa(1503-1506)

캔버스에 유채, 77×53cm

루브르 박물관, 파리

Leonardo
da Vinci

레오나르도 다빈치

무의식에 갇힌 소망

남성 안에 존재하는 여성성을 아니마anima, 여성 안에 존재하는 남성성을 아니무스animus라고 합니다. 우리 내면에 모두 존재하는 아니마와 아니무스는 서로 복잡하게 얽혀 삶을 지배할 뿐만 아니라 이성을 이해하고 이성과 원활한 관계를 맺게 도와주기도 하지요.

카를 구스타프 융은 의식과 무의식을 이어주는 리비도libido가 무의식과 연관된 상징적 이미지와 연관되어 흘러나오기 때문에 이성의 이미지를 통해 나타나는 아니마도 상징적으로 해석해야 한다고 강조했습니다. 여성성은 인류에게 가장 본질적인 표현 대상으로 시공을 초월하여 상상력의 원천이 되어왔지요.

레오나르도 다빈치Leonardo da Vinci, 1452-1519는 빈치라는 마을의 권력자인 아버지와 가난한 농부의 딸인 어머니 카테리나 사이에서 태어났습니다. 아버지는 다빈치의 생모가 아닌 다른 여인과 정식으로 결혼했고 다빈치는 다섯 살 때까지만 생모와 살다가 그후에는 아버지와 계모인 돈나 알비에라와 함께 살았습니다. 두 명의 어머니 밑에서 자라난 성장 배경은 다빈치의 작품과 연구 활동에 많은 영향을 미치게 되지요.

> "모나리자의 미소에는 정숙과 유혹,
> 성녀와 악녀, 귀부인과 창녀의
> 상반된 요소가 결합되어 있습니다"

우선 다빈치의 대표작「모나리자」에 대해 이야기해봅시다.「모나리자」는 조콘다라는 부유한 피렌체 상인이 아내의 초상화로 주문한 것이라고 합니다. 그러나 다빈치는「모나리자」를 4년 동안이나 그렸으면서도 끝내 미완성으로 여겨 주문자에게 보내지 않고 자신이 소유했습니다. 프로이트에 따르면 그 이유는 조콘다 부인의 얼굴에서 어린 시절 보았던 어머니의 행복하고 황홀한 미소를 다시 발견했기 때문이라고 합니다.

정신분석학적 관점에서 이 그림에 접근한 프로이트는 먼저 모나리자의 미소에는 서로 다른 두 요소가 결합되어 있다고 전제합니다. 여자의 애정 생활을 지배하는 모순인 정숙과 유혹 사이, 즉 가장 헌신적인 부드러움과 무자비한 관능성, 성녀와 악녀, 귀부인과 창녀의 상반된 요소의 결합입니다. 그래서 프로이트는 이 그림을 보고 "선과 악, 잔인과 자비, 얌전과 앙큼을 품고서 그 여자는 웃고 있었다"라고 표현했습니다.

일찍 어머니와 헤어져야 했던 다빈치의 마음에는 어머니가 이상적인 여인상으로 아로새겨졌을 것이고 그 여인상은 「모나리자」의 모델이 된 어느 피렌체 여인과 겹쳐졌을 것입니다. 프로이트는 이러한 성장 배경 때문에 다빈치가 일찍 성숙하게 되었으며, 남성성까지 상실하게 되었다고 해석했습니다. 리비도의 대부분이 지칠 줄 모르는 탐구 본능으로 승화됐을 것이라고도 프로이트는 추측합니다. 한편 이 그림은 다빈치가 자신의 생모와 계모에 대한 욕망을 무의식적으로 표현한 것이기도 합니다. 낳아준 어머니와 길러준 어머니에게 보살핌과 사랑을 받고 싶어 하는 다빈치의 억압된 욕망을 재현했다는 것이지요.

다빈치는 「모나리자」를 제작하던 긴 시간 동안 이 여인의 얼굴이 지닌 우아한 표정에 깊은 인상을 받은 동시에 걷잡을 수 없는 감정의 격동까지 느껴서 얼굴의 특징들, 특히 그 신비한 미소와 기이한 시선을 훗날 창작할 그림이나 소묘에도 그대로 옮겨오게 되었습니다. 「모나리자」의 특이한 얼굴을 「세례 요한」에서도 볼 수 있고, 「백조를 어루만지는 서 있는 나체의 레다」에서도 볼 수 있지요.

앞에서도 말했지만 융은 남자 속에 여자가 들어 있다고 주장하면

레오나르도 다빈치
「성 안나와 함께 있는 성 모자상」Virgin and Child with St. Anne(1503)
목판에 유채, 168×130cm
루브르 박물관, 파리

서 이를 아니마라고 불렀습니다. 예를 들어 중세 남성의 감추어진 아니마는 마리아입니다. 융이 구분한 에로스의 4단계를 보면 첫 번째는 성적인 에로스와 아기를 낳는 생산성을 상징하는 '이브'의 단계, 두 번째는 미적이고 낭만적인 '헬레나' 단계, 세 번째는 종교적 헌신으로 드높여진 에로스 '마리아' 단계, 마지막 네 번째는 모든 것을 지혜로 관조하는 '소피아' 단계입니다.

다빈치의 또 다른 작품인 「성 안나와 함께 있는 성 모자상」에서 마리아가 에로스 단계와 상응한다면 성 안나는 소피아 단계를 보여줍니다. 마리아는 성 안나의 무릎 위에 앉아 있고, 마리아의 무릎 위에 앉아 있는 아이는 두 여인의 시선을 받고 있지요. 마리아를 감싸고 있는 옷감의 외곽선이 독수리 형상을 하고 있고 그 꼬리는 어린 예수의 입으로 향하고 있는 게 보이시나요?

프로이트는 이런 구도가 다빈치의 무의식에 갇힌 성적 소망을 재현한 것이라고 보았습니다. 다빈치는 현실에서는 그 욕망을 충족시킬 수 없었기 때문에 무의식적으로 충족시킨 것은 아닐까요. 그러나 스푸마토 기법으로 대상에 생명감을 느끼게 해주는 것, 안정된 삼각 구도 속의 아슬아슬한 균형, 완숙한 여성미의 표현은 그 어떤 심리학적 사실도 잊게 하는 아름다움일 것입니다.

엘리자베트 루이즈 비제 르브룅
「마리 앙투아네트 초상화」Portrait of Marie Antoinette (1793)
캔버스에 유채, 276×193cm
프랑스 역사 박물관, 베르사유

Élisabeth Louise Vigée Lebrun

엘리자베트 루이즈 비제 르브룅

공허함에 허덕일 때

아무리 맛있는 것을 많이 먹는다 해도, 사고 싶은 물건을 많이 산다 해도 공허함이 채워지지 않을 때가 있지요. 특히 여성은 남성보다 대인관계에 더 많은 비중을 두는 데다가 감정 변화에 더 민감하기 때문에 이러한 스트레스 상황에 취약합니다. 공허함을 채우려고 하는데도 오히려 외로움만 더해지는 상황이라면 어떻게 해야 할까요. 여기한 여인의 그림을 보면서 답을 찾아봅시다.

프랑스 혁명을 언급할 때 빠지지 않는 여인, 마리 앙투아네트. 수많은 역사서는 그녀를 민중의 어려운 현실을 뒤로하고 사치를 일삼다가 단두대에서 처형당한 철부지 왕비로 기록하고 있습니다. 엘리자베트 루이즈 비제 르브룅Élisabeth Louise Vigée Lebrun, 1755-1842이 그린 이 초상화에서도 그녀가 얼마나 화려한 생활을 했는지 드레스와 보석들로 짐작할 수 있지요. 그녀를 왕비가 아닌 한 여성으로 바라보며 이러한 행동의 원인을 살펴봅시다.

"이상화된 나를 만남으로써
공허함을 달래려 했지만
오히려 외로움이 더 커졌습니다"

마리 앙투아네트는 신성로마제국 황제와 오스트리아제국 여제의 딸로 국가 간의 전략적인 협정을 위해 자신의 의지와는 상관없이 프랑스 왕세자와 결혼했습니다. 남편과는 취미와 기질 등이 맞지 않았고, 남편의 성불구로 7년 동안 자녀가 생기지 않았지요. 왕비로서 가장 중요한 소임을 하고 있지 못하다는 불안감 때문에 공허함과 상실감에 허덕였을 것입니다.

실제로 마리 앙투아네트는 밤마다 베르사유 정원 한구석에 있는 별궁 프티 트리아농에서 호화로운 파티나 가면무도회를 열어 스트레스를 풀었다고 합니다. 잦은 파티와 가면무도회는 사랑과 인정을 받고 싶은 욕구를 채우는 수단으로 볼 수 있습니다. 자신의 실제 모습을 보는 대신 이상화된 '나'를 만남으로써 공허함이나 허무함, 외로움 등을 달래려고 했겠지만 오히려 군중 속의 외로움을 더 크게 느꼈겠지요.

또한 의상이나 장신구 같은 사치품을 필요 이상으로 구매하면서 화려한 자신의 모습으로 우월감을 느끼려 했을 것입니다. 이를 현대적으로 해석하면 '중독' 장애, 그중에도 쇼핑 중독으로 볼 수 있는데, 현재 쇼핑 중독을 앓는 이들 중 여성의 비율은 95퍼센트에 달한다고 합니다.

페이버Ronald Faber는 특별한 소비 행동을 가리켜서 강박적 구매라 명명했습니다. 그에 따르면 강박적 구매란 지나치게 충동에 이끌린 소비로서 사람들의 삶을 분열시키는 소비 행동입니다. 셰르혼Gerhard Scherhorn 등은 이런 구매를 통해 부정적인 감정우울, 불안, 긴장, 스트레스 등을 없애려고 하며, 구매로 얻는 긍정적인 결과긴장 완화, 다른 사람의 관심가 중독 구매 행동을 발달시킨다고 보았습니다. 심리학자들 대부분은 우울, 불안, 긴장에 계속 시달리는 이에게 구매가 부정적인 감정을 극복할 수 있는 수단이 될 수 있다고 보았습니다. 물론 중독 구매는 정신적 고통을 덜어낼 수 있는 방법이 아니지요.

사람들은 바람직하지 못한 감정을 없애기 위해 과식, 알코올 및 약물 남용, 과도한 노동, 심한 운동, 직장에서의 성취 추구, 재정적인 성공 추구 등을 택합니다. 위로받을 곳이 없는 상황에서 이러한 중독에 빠지기 쉽습니다.

알코올이나 담배 중독과 같이 몸을 혹사시키는 경우를 볼 때는 더욱 안타깝습니다. 인터넷이나 휴대전화 같은 일상적인 중독도 많이 있지요. 만약 이런 상황이라면 새로운 활동을 접하려는 시도를 통해 중독 상황에서 벗어나야 합니다. 타인의 도움도 필요하지만 자신의

알렉산더 쿠차르스키
「탕폴 탑에 유배된 마리 앙투아네트의 초상화」
Portrait of Marie Antoinette in Temple (1815)
캔버스에 유채, 21.5×16cm
카르나발레 미술관 파리

의지가 가장 중요합니다.

　중독으로 자신의 진짜 모습을 외면하려고 했던 마리 앙투아네트가 풍미했던 풍요로운 시대는 그다지 오래가지 못했습니다. 단두대에서 처형되기 전 그녀의 모습을 담은 초상화에는 검은 상복 차림의 수수한 왕비만 있으니까요.

　옆의 그림은 마리 앙투아네트의 마지막 초상화입니다. 죽음 앞에서도 품위를 잃지 않으려 했던 마리 앙투아네트 왕비의 담담한 모습을 볼 수 있습니다. 혁명을 겪고 소중한 것들을 수없이 잃으면서 남은 것은 과연 무엇일지 생각하게 됩니다.

3. Love

사랑

구스타프 클림트

「키스」The Kiss(1907)
캔버스에 유채, 180×180cm
벨베데레 오스트리아 갤러리, 빈

Gustav Klimt

구스타프 클림트

사랑과 건강의 방정식

구스타프 클림트Gustav Klimt, 1862-1918의 작품에는 유난히 많은 여성이 등장합니다. 이는 클림트가 에로티시즘을 단순히 고통이나 불안, 우울의 이미지가 아닌 영혼의 희열로 드러냈음을 나타내지요.

「키스」라는 작품에서 우리의 시선이 가는 곳은 꽃밭 위에서 열정적으로 서로를 끌어안고 있는 두 남녀입니다. 그렇게 시선이 갈 수밖에 없는 이유는 이 꽃밭에 오직 두 사람뿐이기 때문이지요. 두 남녀는 하늘을 향해 떠오르는 듯한 느낌을 갖게 합니다. 특히 오므리고 있는 손가락은 여인의 마음이 얼마나 절실하게 사랑을 느끼고 있는지를 더욱 부각시켜주지요. 노란색과 다양한 장식 문양은 감상하는 이들에게 더욱 황홀한 감정을 불러일으키기에 충분합니다.

> "행복한 감정은
> 건강한 삶을 가져다줍니다"

명화를 통해 동·서양인의 의식을 비교하는 연구를 진행한 적이 있습니다. 동·서양 20-50대 남녀를 대상으로 했는데, 그 결과 5년 전과 가장 큰 차이를 보인 부분은 '애정관'이었습니다. 클림트 작품을 보여주면서 "둘은 어떤 사이인가요?"라고 묻자 대부분의 서양인은 '사랑하는 연인 사이'라고 답한 반면 대부분의 동양인은 '부부'라고 답했지만 '불륜'이라고 답한 사람도 꽤 있어 저와 연구원들을 당황시켰습니다. "누가 더 애정에 적극적인가요?"라는 질문에 서양인은 '둘 다'라고 대답한 반면 동양인은 '남자'라고 대답했지요.

한국의 어떤 중년 여성은 "이렇게 키스하면 목에 무리가 온다"라면서 애정 표현이나 감정에는 관심 없이 다른 관점으로 그림을 보려고 했습니다. 애써 감정을 억누르려는 사회적·문화적 인식을 볼 수도 있었지요.

이 그림을 보면 우리는 여러 가지를 생각해보게 됩니다. '나도 저런 연애를 하고 싶다'는 미래의 희망을 가질 수도 있고, 지금의 연인이 생각날 수도 있고, 과거의 아름다웠던 이를 떠올리며 추억에 빠질 수도 있습니다.

명화를 감상하면서 느끼는 감정이 자율신경을 자극하고 자율신경은 호르몬과 뇌파에 변화를 일으켜서 장기의 기능에 긍정적·부정적 영향을 줄 수도 있습니다. 예를 들어, 클림트의 「키스」를 보면서 사랑과 행복의 감정을 느낀다면 뇌에는 알파파가 활성화되고 우리 몸에는 엔도르핀, 세로토닌이 나오게 됩니다.

그러면 장기의 기능으로 인한 여러 현상, 예를 들면 위산 과다, 소화불량이 줄어들고 장기의 기능이 좋아지게 됩니다. 한 점의 그림이 우리 몸에 이런 영향을 미칠 수 있습니다. 행복의 감정이 건강한 삶을 가져다주는 것입니다.

좋은 명화는 볼 때마다 다른 느낌으로 다가옵니다. 20대, 30대에 보았던 그림이 50대인 저에게 또 다르게 다가오는 이유는 그림에 제 인생이 투영되기 때문이겠죠.

노란색은 심리적으로 행복과 사교성을 높이는 색깔이기도 합니다. 클림트가 그린 노란색의 「키스」로 사랑과 건강의 방정식을 체험해보는 것은 어떨까요.

베르트 모리조

「무도회의 처녀」Young Girl in a Ball Gown(1879)

캔버스에 유채, 71×54cm

오르세 미술관, 파리

Berthe Morisot

베르트 모리조

풍요롭고 여유로운 삶

인생에서 가장 화려하게 꽃피우는 시기가 언제인지를 묻는다면 저는 40대 중반이라고 대답하겠습니다. 직장생활이 무르익고 일에 대한 자신감이 생기는 시기이니까요. 그만큼 할 일이 많아서 어려운 때이기도 하지요.

얼마 전에 만난 30대 중반의 여성은 지적이고 아름다운 외모에 초등학생 아이가 하나 있고 직장에서도 꽤 인정받고 있었습니다. 빠지는 것 하나 없는 그녀는 직장생활과 가정생활을 병행하기가 너무 어렵다고 호소하더군요. 직장생활을 하다 보니 집안의 경조사에 빠지는 일이 늘고 아이의 학교에도, 부모 모임에도 참석하기 어렵다는 것입니다. 갓 초등학교에 입학한 아이는 정서적으로 문제가 있는 것 같다는 이야기를 선생님에게 들었다고도 했습니다. 이 때문에 남편과의 사이는 나빠지고 급기야 남편은 직장을 그만두라는 말까지 했다고 합니다.

그런 그녀에게 보여주고 싶은 그림이 베르트 모리조Berthe Morisot, 1841-95의 작품입니다. 19세기까지 여자가 예술가로 작품 활동을 한다는 것은 수많은 편견과 싸우는 일이었습니다. 그런 상황에서도 모리조는 조용하게 자신을 그림으로 표현한 여성 화가입니다. 그녀의 어머니는 재능 있는 두 딸이 전업 화가로 꿈을 펼칠 수 있도록 기회를 마련해줍니다.

모리조가 최초로 그린 풍경화가 1864년 파리의 살롱에 입선하고 다음 해에는 자매가 함께 살롱에 작품을 전시했습니다. 1864년 모리조의 아버지는 딸들을 위해 아틀리에를 만드는 등의 지원을 아끼지 않습니다. 그럼에도 모리조의 여동생 에드마는 결혼과 동시에 활동을 중단하게 됩니다. 당시에는 예술적 능력이 탁월한 여성도 가족의 반대나 남성 작가들의 비아냥거림에 봉착해야 했습니다. 함께 작품 활동을 했던 남성 작가들조차도 전시 그룹 내의 여성 작가들에 대한 편견의 골이 깊었으니까요. 에드마는 모리조에게 보낸 편지에서 상실감을 표현하며, 사회적 관습에서 벗어나고 싶어 했습니다.

모리조는 제1회 인상주의 전시회부터 마지막 제8회 인상주의 전시회까지 참여하면서 화가로서 활동을 이어갔습니다. 1941년 오랑주

리궁에서 열린 전시회 서문에 시인 폴 발레리는 모리조에 대해 이렇게 썼습니다.

"그녀의 데생과 유화는 처녀로서, 아내로서 그리고 어머니로서 그녀가 보낸 인생을 매번 가까운 거리에서 증언하고 있습니다. 그녀의 작품 세계는 그대로 한 여인이 쓴 일기입니다. 다시 말해 색채와 데생으로 쓴 일기지요."

"여러분 앞을 가로막고 있는
장애물은 무엇입니까. 우리는
불평만 하고 있었던 것은 아닐까요"

모리조는 인상파 선구자였던 마네를 만났고 그의 동생 외젠 마네와 결혼했습니다. 그리고 사회적·경제적으로 성공한 집안 환경 속에서 안정적으로 그림을 그릴 수 있었지요. 모리조는 여자들을 구속하는 사회의 굴레에 반발하기보다는 그 안에서 조용히 자신의 할 일을 찾아 해나갔습니다. 그녀는 당시 풍조인 남성적인 데생에 집중하는 대신 자신의 생활을 화폭에 담았습니다. 모리조의 가족은 그림의 가장 중요한 소재가 되었지요.

앞의 그림에서도 옷차림, 탐스러운 꽃들, 밝은 미소 등을 통해 여인의 풍요롭고 여유로운 삶을 엿볼 수 있습니다. 그녀는 자신의 정체성에 혼란을 느꼈으나 여성을 억누르는 사회를 수용하고 여성의 위치와 역할을 모두 수행함으로써 사회의 틀에서 벗어나지 않았습니다.

베르트 모리조
「자화상」Self Portrait(1885)
캔버스에 유채, 61×50cm
마르모탕 모네 미술관, 파리

모리조의 그림은 유화인데도 전반적으로 맑고 투명한 느낌이 강합니다. 특히 파스텔톤의 화려하고 미묘한 색채 구성에 남다른 재능을 보여주었지요.

「무도회의 처녀」에서 보여지는 모리조는 눈부시게 아름답고 젊습니다. 배경으로 꽃도 화려하게 보입니다. 왼쪽 자화상에서는 성숙한 모리조를 볼 수 있습니다. 시선은 앞을 보고 있습니다. 꽃무늬는 옷을 장식했고 손은 붓과 팔레트를 들고 있는 듯합니다. 모리조에게 즐겁고 집중할 수 있는 일은 그림이었습니다. 붓 터치도 강하고 더 씩씩하고 인생에 더 당당한 자신의 내면을 보여주고 있습니다.

모리조는 모든 그림에서 여성을 밝고 예쁘고 여성스럽게 표현하고 있습니다. 그림에 대한 열정과 재능을 사회적인 투쟁에 쏟지 않고 자신을 비롯한 여성 자체의 강점을 찾는 것에 집중했기에 나온 결과물입니다. 그녀를 보고 있으면 샬럿 브론테가 떠오릅니다. 브론테가 신분을 숨기고 남자 이름으로 『제인 에어』를 내고 당선되었을 때 커다란 사회적 파장이 일었지만 결국에는 재능을 인정받았던 것처럼 모리조 역시 사회적 편견을 잘 견뎌냈거든요.

여러분 앞을 가로막고 있는 장애물은 무엇입니까. 그것을 이겨내기 위해 필요한 것은 무엇일까요. 내가 너무 불평만 하고 있었던 것은 아닌지 이 그림을 통해 자신을 되돌아보면 어떨까요.

아메데오 모딜리아니
「자화상」Self Portrait(1919)
캔버스에 유채, 100×64.5cm
상파울루 현대 미술관

Amedeo Modigliani

아메데오 모딜리아니

사랑하는 사람과 닮고 싶어

호스피스에서 죽음을 앞둔 이들을 대상으로 미술치료를 하다 보면 공통된 특징을 발견할 수 있습니다. 삶을 정리하려는 의지가 강하게 드러난다는 것입니다. 가족 내 불화가 있었던 사람이라면 평소에 그리지 않던 것을 표현하면서 관계 회복의 욕구를 나타냅니다. 이때의 미술치료는 가족과 함께 그림을 그리고 나누는 활동을 하면서 그동안의 앙금을 털어내도록 합니다.

미남 화가를 꼽으라고 하면 1순위에 오르는 인물이 아메데오 모딜리아니Amedeo Modigliani, 1884-1920입니다. 그가 모델을 제안하면 거절

아메데오 모딜리아니
「큰 모자를 쓴 잔 에뷔테른의 초상화」
Portrait of Jeanne Hébuterne in a Large Hat(1918)
캔버스에 유채, 54×37.5cm
개인 소장

하는 여성이 거의 없었다고 하죠. 그러나 정작 자화상은 거의 그리지 않았습니다. 그림의 대상과 마주 보며 교감이 생겨야만 그림을 그릴 수 있다고 주장하던 그였기에 자기 자신을 그린다는 것은 참으로 어려운 일이었을 수도 있습니다. 하지만 죽기 1년 전인 1919년에 자화상을 남겼습니다. 이 무렵 알코올과 마약에 찌든 모딜리아니는 맑은 정신일 때 자신의 모습을 후세에 전해야 한다는 계시를 받았는지도 모르겠습니다. 수많은 모델을 그렸음에도 자신을 돌아보는 계기가 없었기에 자화상을 통해 성찰의 기회를 가졌겠지요.

"영혼을 알아야 눈동자를 그릴 수 있습니다"

긴 얼굴에 슬픈 표정, 눈을 자세히 그리지 않았고 눈동자도 거의 보이지 않습니다. 눈은 외부의 정보를 받아들이는 기관으로 그 사람의 태도나 기분을 드러냅니다. 다른 사람과 어떻게 관계를 맺어야 하는지도 알려줍니다. 아이에게 얼굴을 그리게 하면 가장 먼저 원을 그리고는 기초적인 기관인 눈을 그리죠. 그다음으로는 입을 그립니다. 필요하다고 생각하는 순서죠. 그 때문에 그림에서 눈은 중요한 의미를 차지합니다. 모딜리아니는 시선이 꽂히는 게 없었거나 있었어도 표현하고 싶지 않았을 겁니다. 그는 대신 목을 강조했습니다.

모딜리아니의 작품을 기억하고 있다면 그의 자화상이 누군가와 닮았음을 눈치챘을 것입니다. 죽음을 앞두고 유일하게 남긴 자화상은

아메데오 모딜리아니
「잔 에뷔테른」Jeanne Hebuterne(1919)
캔버스에 유채, 55×38cm
개인 소장

그가 평소에 즐겨 그리던 여인 잔 에뷔테른의 초상화와도 유사합니다. 방탕한 생활을 했던 모딜리아니와는 달리 잔은 보수적인 집안에서 자란 참한 여성이었습니다. 그는 사랑하는 잔을 두고 떠날 것을 예감했는지 잔과 동일시라도 하듯이 자신의 자화상과 잔의 초상화를 비슷하게 그렸습니다.

모딜리아니는 대부분의 인물화에서 본인뿐만 아니라 모델들의 눈동자도 그리지 않았습니다. 잔이 그 이유를 묻자, 모딜리아니는 영혼을 알아야 눈동자를 그릴 수 있다고 답합니다. 모딜리아니는 잔과 결혼서약을 한 후 얼마 지나지 않아 잔의 초상화에 처음으로 눈동자를 그려넣었습니다. 왼쪽 그림은 잔의 눈동자를 그린 첫 그림입니다. 모딜아니가 잔의 영혼도 사랑하게 되었다는 뜻이겠죠. 이 초상화를 보니 잔은 도도하고 강한 여인이었다는 걸 알 수 있습니다.

그러나 가난 때문에 잔이 친정으로 가게 되어 둘은 생이별하게 됩니다. 모딜리아니는 아이와 잔을 몹시 보고 싶어 했지만 잔의 부모님이 가로막아 만날 수가 없었습니다. 얼마 뒤 모딜리아니는 결핵성 뇌막염으로 죽음을 맞습니다. 모딜리아니는 잔에게 "천국에서도 나의 모델이 되어 달라"는 유언을 남겼습니다.

피카소가 죽음을 앞두고 그린, 정면을 직시하는 자화상과는 다르게 모딜리아니는 담담한 심리 상황을 이야기하듯이 그려놓았습니다. 모델의 내면 심리를 탐구해서 깊이 있게 표현한 모딜리아니는 자신의 그림을 인물 내면을 비추는 거울처럼 다루었습니다. 인물의 내면을 잘 표현하기 위해서 자신 앞에 놓인 상황과 감정에 집중한 것이지요.

마르크 샤갈
「옆모습을 그린 자화상」Self Portrait in Profile(1914)
목판에 유채, 34×27.9cm
개인 소장

Marc
Chagall

마르크 샤갈

사랑은 나의 힘

1914년 제1차 세계대전이 발발한 시기에 마르크 샤갈Marc Chagall, 1887-1985은 고향 비테프스크에서 꼼짝할 수 없는 상태였습니다. 불과 얼마 전 베를린에서의 성공적인 전시로 장밋빛 미래에 대한 설렘과 자신감으로 가득했는데, 전쟁이 그를 가로막았습니다. 아무것도 하지 못하는 현실 때문에 더욱 답답하고 불안한 상태였지요.

첫 번째 샤갈의 자화상은 전체가 푸른색입니다. 우울함을 담은 푸른색이 가득합니다. 감은 두 눈은 현실을 부정하거나 현실과 직면하고 싶지 않은 심리 상태를 나타냅니다. 그런데 꽃은 푸른색이 아닌 붉은색과 흰색이며 심지어 탐스럽습니다. 샤갈은 눈을 감고 꽃의 깊은 향기를 맡고 있습니다.

당시 샤갈은 약혼녀인 벨라에게 큰 위로를 받고 있었습니다. 불안과 전쟁 때문에 힘들었던 당시, 꽃으로 표현된 벨라에게 위안받고 있는 샤갈의 내면을 들여다볼 수 있습니다. 그 사랑의 힘은 샤갈의 「나의 삶」이라는 글에도 담겨 있습니다. 샤갈은 벨라와의 첫 만남을 이렇게 이야기했어요.

"그녀의 침묵은 내 것이었고, 그녀의 눈동자도 내 것이었다. 그녀는 마치 내 어린 시절과 부모님, 내 미래를 모두 알고 있는 것 같았고, 나를 관통해 볼 수 있는 것 같았다."

> "어떤 위기 속에서도
> 사랑은 그 힘을
> 잃지 않습니다"

두 번째 샤갈의 자화상은 상당히 여성스럽습니다. 왼쪽에 꽃을 그려 넣음으로써 나약하지만 섬세한 샤갈의 심리 상태를 볼 수 있습니다. 꽃봉우리가 온전히 보이지 않는 것, 꽃대로 자신의 모습 일부를 가린 것, 어두운 눈빛과 표정 등은 불안한 심리 상태를 그대로 드러내고 있습니다. 러시아 황제의 군대에 징집될지도 모른다는 불안감과 답답함이 강박적으로 표현된 자화상입니다. 당시 샤갈은 이런 정신적인 고통을 극복하기 위해 자신의 모습을 기록했습니다. 자화상

마르크 샤갈
「자화상」Self Portrait (1915)
판지에 유채, 29.2×25.7cm
필라델피아 미술관

마르크 샤갈
「팔레트가 있는 자화상」Self Portrai with Palette(1915)
캔버스에 유채, 88.9×58.4cm
개인 소장

을 그리면서 힘든 시기를 극복해 나갔습니다.

샤갈은 1915년 그토록 사랑했던 벨라와 결혼하게 되었습니다. 징집도 피하게 되었습니다. 그리고 미술학교 교장이 되어 안정적인 삶을 일구게 되었습니다. 불과 1년 전 그린 자화상과 비교해보면 사뭇 다른 모습입니다. 화가의 상징인 붓과 팔레트를 붉은색으로 열정적으로 표현했고, 보색인 초록 옷을 그려 생동감과 의욕이 넘치는 마음 상태를 표현함으로써 힘찬 모습을 담아냈습니다.

고향의 온화한 풍경 속 하늘로 향한 교회 십자가의 빛은 신앙심까지 깊어진 화가의 모습을 대변해주는 듯합니다. 전쟁이라는 불안한 시기를 겪으며 그렸던 자화상과는 사뭇 다릅니다. 어떤 위기 속에서도 사랑은 그 힘을 잃지 않습니다. 그 힘을 샤갈의 그림에서 느낄 수 있지요.

나탈리아 곤차로바
「노란 백합을 든 자화상」Self Portrait with Yellow Lilies(1907)
캔버스에 유채, 79.5×60.5cm
트레티야코프 미술관, 모스크바

Natalia Goncharova

나탈리아 곤차로바

애정은 식을 줄 모르고

평범해 보이는 그림도 애정 어린 시선으로 면밀히 들여다보면 숨겨진 바가 있습니다. 자신이 겪고 있는 어려운 점을 말로 표현해내지 못하는 이들에게 그림으로 속의 이야기를 드러내게 하는 것이 미술치료입니다. 미술치료는 끊임없이 그런 숨겨진 면을 발견해내고 함께 이야기하는 숨은 그림 찾기와 같습니다.

왼쪽 그림을 보세요. 꽃을 들고 있는 젊은 여성이 보이네요. 뛰어난 미인은 아니지만 또렷한 이목구비와 표정이 시선을 사로잡습니다. 초록색과 오렌지 색상의 꽃이 주는 경쾌한 느낌과 그녀의 밝은 표정이 보는 이의 기분을 좋아지게 하는 마력도 있네요.

여러 신체 부위 중에서도 꽃을 너무나 꽉 쥐고 있는 유난히 긴 손가락이 눈에 띕니다. 하지만 꽃을 쥐어보면 결코 저런 형태의 손이 나올 수 없습니다. 미술치료에서 인물화를 해석할 때 꽉 쥐어진 손은 공격적인 충동을 억압하려는 부단한 노력을 뜻합니다. 그리고 긴 손가락은 억압을 나타내는 동시에 부적응과 원만하지 못한 사회생활을 의미합니다. 그렇다면 꽃다발은 그녀에게 무엇을 의미할까요.

> "가만히 내 마음을
> 들여다봅시다. 나를 괴롭히고 있는
> 문제점이 무엇인가요"

먼저 그녀의 삶을 살펴봅시다. 여성의 자화상에는 남성의 자화상에 비해 환경에 대한 이야기가 많이 들어갑니다. 육아와 가사를 모두 떠맡아야 하는 여성에게 사회활동은 제한되어 있는 경우가 많고, 그래서 여성의 자화상에는 자신의 내면과 함께 불우한 사회 환경이 표현됩니다.

나탈리아 곤차로바Natalia Goncharova, 1881-1962는 1881년 러시아 툴라 근교의 나가예보에서 건축가의 딸로 태어났습니다. 그녀는 모스크바에서 조각, 회화, 건축 학교를 다니며 미술교육을 받았지만 10년의 과정을 마치지 못하고 3년 만에 그만두었습니다. 어떤 이유로 학교를 그만두었는지 확실하지 않지만 미술에 대한 그녀의 애정은 결코 식지 않았을 것입니다. 여성성을 상징하는 꽃을 꽉 쥐고 있는 왜곡된 곤차로바의 손을 통해 그녀 안에서 여자로서의 삶과 화가로서의 삶에 대한 갈등이 있었을 것으로 짐작해봅니다.

미술교육을 받은 그녀에게 손은 매우 중요한 의미였을 것입니다. 그녀는 꽃을 들고 있지만 실제로 원한 것은 붓일지도 모릅니다. 다소 기형적인 손가락을 통해서 그녀가 자신의 갈등을 드러낸 것처럼 내 마음의 갈등도 어떤 부분을 통해서 집약적으로 드러날 수 있습니다. 그게 무엇인지 알아채는 것이 우리 삶의 과제입니다.

가만히 내 마음을 들여다봅시다. 나를 괴롭히고 있는 문제점이 무엇인가요. 잘 모르겠다는 분도 있을 겁니다. 잠시만 솔직해져볼까요. 우리는 각자의 문제점이 무엇인지, 이것을 해결하려면 어떻게 해야 하는지 너무나도 잘 알고 있습니다. 다만 자신의 내면을 제대로 들여다볼 시간이 없거나 용기가 부족한 것인지도 모릅니다.

나보다 나를 더 잘 아는 사람은 없습니다. 내가 나의 문제점을 제대로 바라보지 않으면 그 문제는 영원히 해결되지 못한 채로 남아 있을 것입니다. 꽃을 들고 미소 짓고 있는 곤차로바의 얼굴을 보며 가슴 한구석이 찌릿하다면, 그림 감상을 아주 잘하셨네요.

에드워드 번존스
「마리아 잠바코의 초상화」Portrait of Maria Zambaco(1870)
판지에 구아슈, 76.3×55cm
클레멘스 젤스 미술관, 노이스

Edward Coley Burne-Jones

에드워드 콜리 번존스

사랑의 노래

한때는 나의 모든 것을 내주어도 아깝지 않은 사람이 있었을 것입니다. 사랑이란 어느 날 갑자기 모든 것을 줬다가 한순간에 앗아가는 야속한 존재니까요. 이별을 예감하고 그를 만나러 가던 어떤 날을 기억하나요. 이 사랑의 끝이 머지않았음을 직감했을 때 우리의 표정은 어땠을까요. 나는 어떤 표정으로 그를 맞이해야 했을까요.

화가들 중에는 여성 편력이 화려한 사람이 많습니다. 그들에게 여성은 영감을 불러일으키는 뮤즈였는지도 모르겠습니다. 여기에 한 여자를 계속해서 그린 남자, 에드워드 콜리 번존스Edward Coley Burne-

Jones, 1833-98가 있습니다. 그의 이야기를 보면 피카소와 그의 연인인 프랑수아 질로, 로댕과 그의 연인인 카미유 클로델이 생각납니다. 피카소는 프랑수아 질로가 이혼을 요구하자 자살하겠다면서 헤어질 수 없다고 소동을 피웠지요. 로댕은 카미유 클로델의 사랑을 배신했습니다. 로댕은 부인과 헤어지겠다고 말하면서 카미유 클로델과 계속 교제를 이어나갔지요.

> "사랑은 어느 날 갑자기
> 모든 것을 줬다가 한순간에
> 앗아가는 야속한 존재입니다"

어린 시절 어머니와 누나를 잃은 에드워드 번존스는 내향적인 소년으로 자랐습니다. 일찍부터 중세 문학과 미술에 빠져들었고, 30대에 영감을 주는 여인 마리아 잠바코를 만납니다. 부유한 집안에서 태어난 잠바코는 의사와 결혼했다가 이혼한 상태였습니다. 번존스는 유부남이었지만 잠바코에게 순식간에 홀립니다. 그리스 신화에 빠져 있던 그에게 그리스 핏줄인 잠바코는 그만의 '아프로디테'였습니다. 당시 화가들 사이에서 잠바코는 스터너stunner, 깜짝 놀랄 만한 미인라는 애칭으로 불렸다고 하지요.

앞의 그림은 번존스가 잠바코와 헤어지기로 결심했을 때 그녀의 부탁을 받고 생일 선물로 그렸다고 합니다. 잠바코의 커다란 두 눈이 애처롭게 상대를 갈구하는 듯도 하고, 차분하게 감정을 정리하는 듯도

하고, 원망과 분노를 담고 있는 듯도 합니다. 입술은 애써 울음을 참는 듯하고요. 그러나 상대를 직시하는 눈빛은 슬픔에만 젖어 있는 연약한 모습으로만 보이지 않네요.

그녀의 뒤에는 사랑의 신 큐피드가 파란색 커튼을 움켜쥐고 있고 그림 오른쪽에는 슬픔을 뜻하는 파란 수선화가 그려져 있지요. 그녀가 손에 쥐고 있는 것은 '크레타섬의 꽃박하'로 불리는 '흰색 꽃박하'로, 지중해의 열정을 상징합니다. 크레타섬은 잠바코가 그리스 출신임을 암시하고 흰색 꽃박하의 '열정'이라는 꽃말은 그녀에 대한 번존스의 마음을 표현합니다.

그림 아래쪽의 책은 고대 브르타뉴 지방의 '사랑의 노래'를 담고 있습니다. 그 옆 큐피드의 화살에는 "26세의 마리아, 1870년 8월 7일 EBJ에드워드 번존스가 그림"이라고 쓰여 있네요. 옷에 잔뜩 잡힌 주름을 그리느라 작업 시간은 오래 걸렸을 것이고 둘의 감정은 더 애틋해졌을 것입니다. 이 그림에서 번존스는 잠바코를 사랑의 여신으로 표현했습니다.

이 그림을 그린 이후 번존스와 잠바코의 관계는 절정으로 치닫습니다. 번존스는 친구의 폭로로 아내 조지아나와 잠바코가 대면하는 모습을 목격하고 쓰러지면서 벽난로에 머리를 부딪치기까지 했습니다. 잠바코와 번존스가 자살을 계획했다가 실패한 뒤 번존스는 갑자기 로마로 떠나버렸습니다. 이 사실을 뒤늦게 알게 된 잠바코는 미친 듯이 그를 찾아 떠났지만 번존스는 로마로 가던 도중 자신이 병에 걸렸다는 사실을 알고 결국 아내 품으로 돌아오지요.

에드워드 번존스

「멀린의 유혹」The Beguiling of Merlin(1874)

캔버스에 유채, 186×111cm

레이디 레버 미술관, 위럴

번존스는 잠바코와의 관계를 1870년 초에 완전히 청산합니다. 하지만 그녀를 잊지 못하고 그 이후에도 줄곧 그녀를 모델로 그림을 그렸습니다. 몸은 떨어져 있어도 마음은 그녀에게 있었던 것이지요.

아이러니하게도 번존스의 대표작은 「마리아 잠바코의 초상화」입니다. 그러나 개인적으로 저는 이루지 못한 사랑에 대한 안타까움보다는 신중하지 못한 번존스에 대한 분노가 더 큽니다. 번존스로서는 어린 시절 사랑하는 여인들과의 헤어짐이 큰 상처로 남았을 것이고, 그래서 또다시 사랑하는 여인을 잃는 것이 커다란 상실감을 주었을 테지만 말입니다.

잠바코와 헤어진 이후에도 계속 잠바코를 모델로 그렸던 번존스는 왼쪽의 작품에서도 잠바코를 그린 듯합니다. 두 남녀가 이루어질 수 없는 사이를 뛰어넘어 싸늘한 분위기조차 느껴지게 합니다. 꽃으로 둘러싸인 숲속 배경이 전혀 아름답게 느껴지지 않습니다. 이루어질 수 없는, 이루지 못한 사랑에 대한 아쉬움과 죄책감을 드러내는 남녀의 모습입니다.

번존스와 헤어진 잠바코는 파리로 가서 조각가가 되었고 평생 독신으로 예술에 심취하여 살았다고 합니다. 이렇게 이루지 못한 번존스와 잠바코의 사랑은 각자의 자리에서 예술로 피어났습니다.

장 프랑수아 밀레
「아내 폴린 오노의 초상」Portrait of Mademoiselle Pauline Ono(1843-44)
캔버스에 유채, 100.2×81.2cm
토마앙리 미술관, 셰르부르

Jean François Millet

장 프랑수아 밀레

사랑은 뒤늦게 깨닫는 감정

고마우면서도 미안한 사람이 있나요. 이 두 감정은 떼려야 뗄 수 없는 것 같습니다. 지금까지 만난 수많은 환자 가족 중에 이러한 고마움과 미안함의 감정을 가장 많이 품은 것은 치매 환자 가족이었습니다. 특히 아내가 치매에 걸린 경우가 많았지요. 그중 한 아내는 세무사인 남편의 꼼꼼한 성격을 참아가며 자녀들을 키워냈습니다. 그러다 62세에 그만 치매에 걸리고 말았습니다. 남편은 그동안 아내에게 미안하고 고마웠다며 너무나 안타까워했습니다. 그는 치매 환자에 맞게 집을 리모델링하면서 자신의 마음을 표현했습니다. 여태껏 가

장 프랑수아 밀레

「만종」The Angelus(1859)

캔버스에 유채, 55.5×66cm

오르세 미술관, 파리

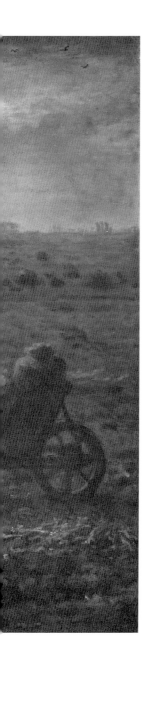

정을 위해 꿋꿋하게 버텨온 아내가 치매에 걸릴 줄 누가 알았을까요. 사랑은 때로 한쪽의 희생이 드러날 때 뒤늦게 깨닫는 감정일지도 모르겠습니다.

> "고마우면서도 미안한 사람이
> 있나요. 이 두 감정은 떼려야
> 뗄 수 없는 것 같습니다"

장 프랑수아 밀레 Jean François Millet, 1814-75의 아내 오노의 운명을 누가 알았을까요. 밀레의 첫 번째 아내인 오노는 가난으로 고생하다가 결혼 2년 만에 폐결핵으로 세상을 떠났습니다.

「아내 폴린 오노의 초상」은 오노가 사망한 바로 그해에 완성되었습니다. 그림 속 오노는 눈 주위가 어둡고 얼굴에는 핏기가 없네요. 그럼에도 입술을 앙다물고 애써 눈에 힘주어 바라보는 모습은 피곤하지만 내색하지 않으려는 듯합니다. 입술을 보면 윗입술이 아랫입술에 비해 많이 얇은데 이것은 그녀가 윗입술을 살짝 깨물고 있다는 의미입니다. 입매는 양쪽 다 살짝 올라가서 입술을 앙다물고 미소를 지으려는 모습입니다. 자신을 그리는 남편에게 미소를 주고 싶었던 걸까요. 웃고 있지만 곧 울음이 터질 것 같은 표정. 본인은 앞날이 많이 남지 않았음을 직감했는지도 모르겠습니다.

밀레의 대표작 「만종」을 봅시다. 수확에 대해 감사 기도를 드리는 그림으로 널리 알려진 밀레의 대표작이지요. 저물어가는 황혼 빛이 땅과 농부 부부를 비추고 있고, 멀리서 교회의 종소리가 울리는 듯합니다. 그러나 부부의 얼굴에는 웬지 모를 그림자가 드리워져 있습니다. 왜일까요. 이 그림에 숨겨진 비화 중 하나는 바구니에 담긴 것이 원래는 씨감자가 아니라 죽은 아기였다는 것입니다. 밀레는 처음에 죽은 아기를 그렸다가 친구의 권유로 씨감자로 바꿨다고 합니다. 그들 부부에게는 큰 기쁨이었을 아기가 굶어 죽으면서 겪었을 슬픔은 저 저물어가는 빛의 색조와 그림자로도 다 대변하지 못할 것입니다.

이 그림을 두고 미국과 프랑스 간에 경매 전쟁이 붙어서 결국 프랑스가 100만 프랑에 가져갔다고 알려져 있습니다. 정작 생존해 있던 밀레의 가족은 가난에 허덕이고 있었는데 말이죠. 이런 불균형을 해소하기 위해 '추급권'droit de suite, 화가의 작품을 되팔 경우 그 수익의 일부를 화가나 그 가족에게 지급하는 정책이 고안되기도 했습니다.

그림은 작가 자신의 심리를 무의식적으로 반영하는, 그러니까 그들의 내면을 그대로 나타내는 강력한 비언어적 표현 도구입니다. 19세기 산업화 시대에 농촌에서 자신의 일을 하는 농부들의 삶을 사실적으로 묘사했던 밀레. 그의 그림에는 삶의 고단함과 인물에 대한 애정이 깊게 스며들어 있습니다. 어려운 환경에도 주어진 것에 감사하며 열심히 살아가는 이들에 대한 연민이 아니었을까요. 「만종」의 부부를 보고 있으면 밀레와 오노의 모습이 겹쳐지는 것 같습니다. 너무 사랑해서 미안하다는 말은 이들에게 꼭 맞는·것이겠지요.

4. Healing

치유

르네 마그리트
「데칼코마니」Decalcomanie(1966)
캔버스에 유채, 81×100cm
개인 소장

René Magritte

르네 마그리트

희망의 흔적들

트라우마는 과거에 겪었던 어떠한 일로 인해 정신적인 고통이 남는 것을 말합니다. 화가들에게 트라우마는 영감의 모티프가 되기도 합니다. 르네 마그리트René Magritte, 1898-1967는 이러한 트라우마를 예술로 승화시킨 대표적인 화가입니다.

그가 열네 살이 되던 해에 그의 어머니는 성폭행을 당하고 수치심을 견디지 못해 치마를 얼굴에 뒤집어쓰고 강에 빠져 죽습니다. 불행하게도 마그리트는 어머니의 자살 현장을 목격하고 맙니다. 1920년대 그의 초기 작품에서 얼굴을 천으로 가린 사람들이 많이 나오는 것은 그때의 충격을 반영하고 있습니다.

> "많은 장애물이 있지만
> 희망의 흔적은
> 아직 남아 있습니다"

　유년 시절의 트라우마는 인생에 특히 큰 영향을 미칩니다. 미술치료실에 찾아온 한 아이는 그림을 그릴 때 오직 초록색만 사용했습니다. 초록색 옷, 초록색 비, 초록색 집… 이 아이는 할머니와 살다가 다섯 살이 되면서 엄마와 같이 살게 되었지만 엄마에게 제대로 적응하지 못하고 있었습니다. 아이가 초록색만 쓰는 것도, 엄마와의 애착관계에 문제가 있는 것도 엄마에 대한 너무 강한 그리움 때문이었습니다. 언젠가 엄마가 "엄마는 초록색이 제일 좋아"라고 말한 것을 아이는 기억하고 있었던 것이죠.

　마그리트에게는 얼굴을 가리는 게 일종의 트라우마 극복법이었던 것 같습니다. 자신과 똑같은 형상을 데칼코마니로 만들어놓은 것은 자아의 혼란을 상징합니다. 그의 작품 속 남성은 늘 모자, 천, 파이프, 사과로 얼굴을 가리지요.

　마그리트 그림에 자주 등장하는 '모자를 쓴 남자'는 1920년대부터 모습을 드러내다가 1950년대 이후 주요 테마가 됩니다. 대개는 얼굴을 보이지 않는 뒷모습으로 등장해 공중을 산책하기도 하고 푸른 하늘과 하나로 합쳐져 얼굴 없는 인간이 되기도 합니다.

마그리트의 모자에 대해 주목해볼 필요가 있습니다. 모자는 그의 신조인 '눈에 띄지 않는 것'을 도와주는 일종의 변장 도구이지요. 그의 친구에 의하면 마그리트는 특별한 모자가 아닌 평범하고 표준적인 모자를 구매했다고 합니다. 이렇게 주목받는 것을 싫어했던 마그리트는 자신의 특성을 말년에 전개된 중산모를 쓴 남자의 익명성에 반영했고 나중에 이 남자를 마그리트 자신으로 여긴 것입니다.

한편으로 그는 다른 세계를 꿈꾸었던 것 같습니다. 자화상에 나오는 구름은 자유로움, 파랑은 희망을 상징하거든요. 많은 장애물이 존재하지만 희망의 흔적은 남아 있다고나 할까요.

마그리트는 유년 시절의 고통으로 평생 우울증에 시달렸지만 작품을 통해 끊임없이 자신의 트라우마를 해결하려 했고, 그 과정을 통해 진정한 자기를 찾으려고 애썼습니다.

그의 그림이 따뜻하거나 다정다감하지는 않지만 심리적으로 봤을 때는 이야깃거리가 많지요. 게다가 그만의 상상력과 절제미가 풍부한 작품은 감상자는 물론 예술가들에게 수많은 영감을 주고 있습니다. 불우한 과거를 딛고 20세기의 가장 위대한 화가, 천재적인 화가가 된 그의 인생에 대해서는 한없이 박수를 보낼 수밖에 없습니다.

에드바르 뭉크

「스페인 독감에 걸린 자화상」Self Portrait with the Spanish Flu(1919)

캔버스에 유채, 150×131cm

노르웨이 국립 미술관 오슬로

Edvard
Munch

에드바르 뭉크

트라우마를 승화시키다

1918년 제1차 세계대전에서 시작되었던 스페인 독감으로 2년간 무려 5,000만 명에 가까운 사람들이 죽었습니다. 당시 제1차 세계대전으로 인한 사망자가 2,000만 명이라는 보도를 보면, 전쟁보다 더 무서운 것이 스페인 독감이었습니다. 전 세계 사람들이 무서운 속도로 스페인 독감에 감염되었는데, 희생자들의 대부분이 20대에서 30대였다고 합니다. 젊은이들의 목숨을 앗아간 죽음의 그림자는 수많은 아티스트도 덮쳤습니다.

화가 구스타프 클림트뿐만 아니라, 천재성을 발휘하며 이제 막 유명해지기 시작한 에곤 실레도 스물여덟 살에 스페인 독감으로 사망했습니다. 뭉크는 이처럼 무서운 스페인 독감에 지지 않고 이겨내 살아남았습니다.

에드바르 뭉크Edvard Munch, 1863-1944는 어려서부터 병약했고, 엄마와 누이의 죽음에 대한 트라우마로 힘들어했습니다. 고통을 온몸으로 통과하면서 뭉크는 어두운 자신의 삶과 고통스러운 경험, 사랑과 죽음에 대한 자신의 생각을 작품에 담아내면서 자신을 돌아보고 두려움을 극복했습니다.

> "죽음 앞에서는
> 그 누구도
> 무력할 뿐입니다"

트라우마를 자신의 작품으로 승화시킨 뭉크는 그 무서운 스페인 독감을 힘겹게 이겨낸 후 자화상을 남겼습니다. 비쩍 마른 몸, 파리한 얼굴, 퀭한 눈, 반쯤 벌리고 다물지 못하는 입, 환자복, 의자에 기대어 겨우 앉아 있는 모습 등을 그렸습니다. 뭉크는 고비를 넘기고 난 후 남긴 자화상을 통해 자신이 얼마나 힘겹게 이 기간을 이겨냈는지를 이야기하고 있습니다. 그림의 제목도 「스페인 독감에 걸린 자화상」입니다.

그림 곳곳에 초록색을 사용한 것으로 보아 뭉크의 생명에 대한 의지도 엿볼 수 있습니다. 20세기 초 전 세계를 휩쓸었던 스페인 독감을 이겨낸 뭉크의 자화상을 보면서 2020년 전 세계가 겪었던 코로나 팬데믹과 상황이 비슷하다는 생각을 해보았습니다.

죽음 앞에서는 그 누구도 어쩔 수 없다는 무력감과 함께 생명은 귀한 것이라는 생각을 다시 해봅니다. 가장 연약해 보였지만 이 어려운 상황을 이겨낸 뭉크를 보면서 생사는 하늘에 달려 있다는 점, 그리고 인간의 존엄성에 대해서도 생각할 수 있습니다.

가브리엘레 뮌터

「마리안네 폰 베레프킨의 초상화」Portrait of Marianne von Werefkin (1909)

판지에 유채, 81.2×55.2cm

렌바흐하우스 미술관, 뮌헨

Marrianne von Werefkin

마리안네 폰 베레프킨

남이 보는 나와 내가 보는 나

심리학에 '페르소나'persona라는 용어가 있습니다. 이는 고대 그리스 가면극에서 배우가 썼다 벗었다 하는 가면을 말합니다. 이후 라틴어로 사람person, 인격, 성격personality의 어원이 되고 심리학 용어가 되었지요.

지금은 주변 사람들에게 '내가 어떻게 보일까?'를 생각하며 자신의 '이미지 관리를 위해 쓰는 가면'이라는 의미로 널리 사용되고 있습니다. 또한 페르소나는 사회생활을 잘할 수 있도록 해줍니다. 주위 사람들이 나에게 어떤 것을 원하는지에 따라 페르소나를 만들기 때문

마리안네 폰 베레프킨
「자화상」 Self Portrait (1910)
종이에 템페라, 51 × 34cm
렌바흐하우스 미술관, 뮌헨

이지요. 사회생활을 하면서 만들어진 여러 페르소나 가운데 자신의 자아를 잘 찾아가는 과정이 중요합니다. '나'와 페르소나의 조화가 잘 이루어져야만 건강한 '나'가 될 수 있기 때문입니다.

"내 존재 자체에 집중하고
나 자신을 이해하면
나라는 존재를 더 사랑하게 됩니다"

1909년 칸딘스키의 연인 가브리엘레 뮌터가 그린 마리안네 폰 베레프킨Marrianne von Werefkin, 1860-1938의 초상화를 보면 베레프킨은 한눈에도 너무나 멋진 여성으로 표현되어 있습니다. 화려한 모자와 의상, 핑크빛으로 그린 얼굴은 여성스럽고 화사한 행복한 여성의 모습 그 자체입니다.

그러나 1910년 베레프킨이 그린 자신의 자화상을 보면 분노가 가득한 여성의 모습으로 표현되어 있습니다. 정말 같은 사람이 맞을까 하는 의문까지 듭니다.

베레프킨은 연인 야블렌스키와 오랜 기간 동거했습니다. 그러나 야블렌스키와 가정부인 헬레나 사이에 아들이 태어나고 결국 야블렌스키는 베레프킨이 아닌 헬레나와 결혼하게 됩니다.

결국 베레프킨은 27년 동안 사랑한 야블렌스키와 헤어지고 맙니다. 그리고 남은 생을 쓸쓸하고 외롭게 마치게 되지요. 연인을 잃은 상실감과 배신감이 얼마나 많은 상처를 남겼을지 짐작할 수 있습니

마리안네 폰 베레프킨
「무용가 사하로프」The Dancer Sakharoff(1909)
판지에 템페라, 73.5×55cm
아스코나 시립 현대 미술관

다. 그 마음이 얼굴에 고스란히 어려 있습니다.

왼쪽에 있는 그림 『무용가 사하로프』는 러시아의 유명한 무용가이자 안무가인 알렉산드르 사하로프의 초상화입니다. 사하로프는 남자 무용수로 일본 게이샤를 흉내 내고 있습니다. 연인에게 배신당한 베레프킨은 자신의 마음을 표현하듯 화면을 푸른색으로 채워 우울함을 나타냈습니다. 화폭 속에서 자유롭게 자신의 감정을 드러낸 것입니다.

미술치료 기법 중에서 '내가 보는 나'와 '남이 보는 나'라는 치료 프로그램이 있습니다. 치료 프로그램을 통해서 다른 사람의 평가나 요구가 아닌 내 존재 자체에 집중하고 나 자신을 제대로 이해할 수 있게 됩니다. 그리고 나라는 존재를 인정하고 더 사랑하게 되지요.

남이 보는 나의 초상화는 외모에 큰 비중을 두고 그릴 수 있습니다. 그러나 자화상은 나의 내면 깊은 과거·현재·미래를 표현하기 때문에 더 솔직하게 나를 표현할 수 있습니다. 자신이 그린 자화상에는 자신의 외형보다는 본인 내면의 심리 상태가 표출될 수밖에 없습니다. 자연스럽게 본인의 감정에 충실할 수밖에 없고 그 감정은 그림 속에 자연스럽게 드러나지요.

진정한 나와 페르소나 사이를 헤매던 한 여인의 불안과 외로움, 그럼에도 자신이 삶의 중심이 되기를 바랐던 고단한 여정이 그림 속에 그대로 전해지는 듯합니다. 여러분에게도 나만의 페르소나가 있나요? 그 속에서 진정한 나를 찾기 위해서는 진정한 나와 만나려는 스스로의 의지가 제일 중요하다는 걸 잊지 마세요.

피에르 보나르
「자화상」Self Portrait(1889)
캔버스에 템페라, 21.5×15.8cm
개인 소장

Pierre
Bonnard

피에르 보나르

아버지의 사랑

자식과 아버지는 어떤 관계일까요. 여성과 육아를 주제로 하는 강연이 많다 보니 저는 자연스레 어머니에 관한 이야기를 자주 했던 것 같습니다. 하지만 이번에는 아버지에 관한 이야기를 해보고자 합니다.

제가 중학교에 입학하던 날 아버지는 손톱깎이를 사주시면서 이제는 손발톱을 혼자 깎으라고 하셨습니다. 당시 아버지는 우리 삼남매의 손톱과 발톱을 깎아주시면서 이런저런 이야기를 하셨거든요. 아플 때면 쌀과 깨를 빻아 미역죽을 끓여주기도 하셨지요. 미역죽 한 그릇을 먹고 나면 거뜬히 몸이 낫곤 했는데, 지금 생각하니 모든 것이 아버지의 사랑이었습니다.

아버지에 대한 좋은 기억은 아이에게 큰 자산이 됩니다. 아이가 어른이 되고 나서도 부모와 원만한 관계를 유지하기 위해서는 이런 기억들이 유용하지요. 어른들은 아이들이 거창한 일을 기억할 것이라고 생각하지만 아이들은 의외로 사소한 것을 기억합니다. 우리나라에서는 어머니보다 아버지가 자식과 관계를 제대로 맺지 못할 확률이 높습니다. 어머니는 여성이라는 특성상 모성애도 발휘하고 애정 표현도 자주 하지만 아버지에게는 그럴 기회가 적기 때문이지요.

'자식과 아버지의 관계'가 얼마나 중요한지를 보여주는 그림이 앞쪽에 있습니다. '색채의 마술사'라 불리는 프랑스 출신의 화가 피에르 보나르Pierre Bonnard, 1867-1947의 자화상입니다. 그는 여리고 소심한 모습에 커다란 눈으로 무언가를 이야기하는 듯합니다.

당시 보나르는 22세로 아카데미 쥘리앙의 학생이었습니다. 비교적 유복하고 자유로운 분위기의 중산층 집안에서 태어난 보나르는 화가가 되고 싶다는 희망을 힘들지 않게 관철할 수 있었습니다. 성적이 우수했던 보나르는 국방부 관리인 아버지의 권유로 법학을 공부하고 관청에서 근무했지만 재능을 버리지 못했지요. 결국 에콜 데 보자르와 아카데미 쥘리앙에서 그림 공부를 하고, 이 시기에 만난 펠릭스 발로통, 에두아르 뷔야르 등과 '나비파'Les Nabis, 19세기 말 파리에서 생겨난 젊은 반인상주의 화가들의 모임으로 평면적·장식적 구성을 중시라는 그룹을 만들어 그룹의 주도적인 위치에 섭니다.

보나르가 이렇게 화가로서의 입지를 다질 수 있었던 것은 경제력 있는 군인 아버지 덕분이었을 것입니다. 그러나 그에게 아버지는 극복해야 할 권위이기도 했겠지요. 그렇다고 모든 군인 아버지가 권위적이라는 의미는 아니며, 보나르의 아버지가 권위적이었다는 말도 아닙니다. 다만 자화상 속 보나르의 눈에서 어떤 두려움 같은 것이 느껴지면서 그렇지 않았을까 하는 생각이 듭니다.

> "소통의 문제로
> 어려움을 겪고 있다면
> 먼저 상대방에게 다가가 보세요"

누구든 권위적 대상의 심리적 영향권에서 자유롭기는 어렵습니다. 어린 시절에는 부모가 권위적인 대상이다가 그다음에는 선생님이나 선배, 이성 친구 등이 그 대상이 됩니다. 성인기에는 대개 직장 상사가 그러하지요. 권위적 대상과의 관계에는 어린 시절 부모와의 관계가 그대로 투사되기 마련입니다. 부모에게 심리적으로 위축되어 막연한 두려움을 경험한 사람은 윗사람과의 관계에서도 그 모습의 원형이 재현됩니다. 윗사람이 부모와는 전혀 다른 성향의 소유자라고 해도 말이죠. 반대로 어린 시절부터 부모와의 관계에서 특별한 에너지 소모가 없었던 사람은 까다롭거나 권위적인 상사를 만나도 다른 사람들보다 훨씬 홀가분하게 대할 수 있습니다.

보나르는 삶에서 결정적인 역할을 하는 아버지와의 관계에서 자신이 원했던 화가의 길을 획득했고 그 이후로 일상적 정경과 편안함을

173

피에르 보나르
「자화상」Self Portrait(1904)
캔버스에 유채, 18.1×18.8cm
개인 소장

담은 그림을 많이 그렸습니다. 그리고 다다이즘이나 초현실주의 작품이 난무하던 시대에 독자적인 색채의 세계를 확립함으로써 '20세기 최고의 색채 화가'라는 타이틀을 거머쥐었습니다.

보나르는 '최후의 인상주의 화가'로도 불렸습니다. 그는 항상 단정하고 변함없는 모습을 간직했습니다. 가정적이었고 주변의 풍경도 사랑했습니다. 왼쪽 자화상 역시 단정한 그의 성품을 드러냈습니다. 그러나 배경의 마지막 부분, 옷의 아랫부분은 흰 캔버스를 그대로 놓아두었습니다. 미완성된 것인지 작가의 의도였는지는 정확히 알 수 없지만 그도 시간의 흐름처럼 조금 더 여유로운 세월과 삶을 느꼈는지도 모릅니다. 공간의 자유로운 활용이 돋보이는 자화상입니다.

보나르의 삶에서도 알 수 있듯이 인생에서 극복해야 할 무언가를 하나씩 극복해나가는 것은 매우 중요합니다. 누군가 화해와 소통의 문제로 어려움을 겪고 있다면 내가 먼저 상대방에게 다가가면 어떨까요.

장 미셸 바스키아
「자화상」Self Portrait(1984)
캔버스 위 종이에 아크릴과 유채, 100×70cm
개인 소장

Jean-Michel Basquiat

장 미셸 바스키아

죽음의 두려움에서 벗어나기 위해

미술치료는 마음을 찍는 사진입니다. 마음이 황폐하면 황폐한 대로, 맑으면 맑은 대로 그림에는 고스란히 나타나지요. 장 미셸 바스키아Jean-Michel Basquiat, 1960-88의 그림을 보면 어린아이가 그린 것이 아닌가 하는 착각이 들 정도로 순수해 보입니다. 하지만 심리적인 고뇌와 갈등을 담은 상징이 많지요. 어머니에게 받은 고통, 흑인이라는 이유로 차별받은 고통이 드러나는 것입니다.

미술치료를 하다 보면 상처가 많은 사람일수록 그림이 단순합니다. 생각나는 대로 툭툭 그려내는데도 모든 그림에 일관성이 있지요.

바스키아 역시 마찬가지입니다. 죽음에 대한 강박관념과 자신의 뿌리에 대한 고찰이 그림의 주제이자 극복하지 못한 트라우마였습니다. 그가 뼈와 내장이 보이는 그림을 그린 이유도 이 때문입니다.

"상처가 많은 사람일수록 그림이 단순합니다"

바스키아는 1960년 미국 뉴욕에서 타히티 출신의 회계사 아버지와 푸에르토리코 태생인 어머니 사이에서 태어났습니다. 영어와 스페인어를 구사한 어머니 덕분에 2개 국어에 능통했고 미술만큼이나 음악에도 타고난 재능이 있었습니다. 어린 시절 어머니와 함께 미술관을 찾은 그는 피카소의 「게르니카」 앞에서 눈물을 글썽이는 어머니를 보고 화가가 되기로 결심했다고 하니, 아마도 어머니와의 애착 관계가 원만하게 형성되었고 어머니에게 많은 영향을 받았던 것 같습니다.

아이들은 발달 과정에서 새로운 상황에 직면하게 되면 어머니의 표정을 살핍니다. 어머니가 불안해하고 싫어하는 표정을 보이면 함께 불안해하고 어머니가 편안해하면 아이의 반응도 지극히 평온해지지요. 아이들은 부모가 좋아하는 모습에 맞추어 행동하고자 하는 내면의 규범을 세우는데 바스키아도 그랬던 것 같습니다.

미국 최초의 흑인 화가, 낙서 화가로 불리는 바스키아는 거친 원색의 색채 대비를 통해 폭력, 죽음, 꿈을 주제로 그림을 그리면서 당시

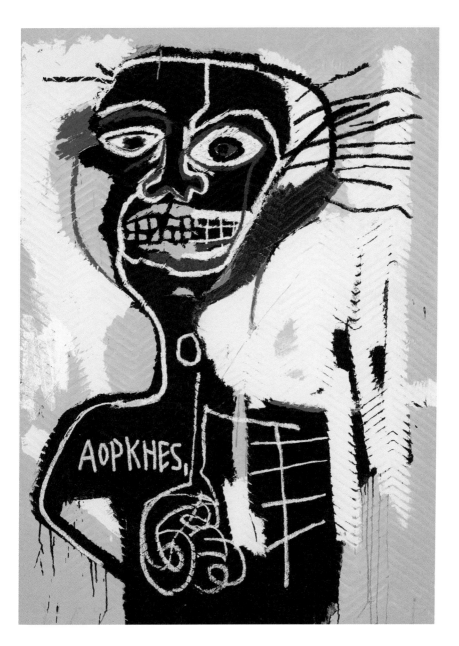

장 미셸 바스키아
「머리」Cabeza(1982)
실크스크린, 137.2×99.1cm
개인 소장

미국 사회의 과도기적 시대상을 표현했습니다. 1980년대 초 미국 화랑가를 열광시켰으나 흑인이라는 사실 때문에 놀림을 받기도 했습니다. 어린 나이에 유명세와 성공을 경험하면서도 이면으로는 흑인이라는 손가락질과 만들어진 스타로서의 괴리감을 겪어야 했던 그의 작품에는 굉장히 많은 '상징'이 작용합니다. 가장 많이 등장했던 소재가 스스로 뿌리라고 생각했던 '흑인'과 '죽음'에 관한 이야기입니다.

바스키아는 일곱 살 때 공놀이를 하다가 교통사고를 당했던 경험이 있습니다. 한 달간 병원에 입원했던 그는 어머니에게 『그레이의 해부학』*Gray's Anatomy*을 선물받는데, 이 책은 그의 작품 세계에 큰 영향을 미쳤지요. 이후 그는 인체, 그중에도 특히 골격 구조에 평생 관심을 갖게 되었고 회화와 드로잉 작품 속의 수많은 이미지에 이름을 달고 분류하는 것을 좋아하게 되었습니다.

초기 바스키아 작품에 등장하는 인물들은 단순하고 1차원적인 선으로 그려졌고 가끔은 뼈와 내장을 드러내기도 하는데요. 이는 어린 시절 죽음이 가져다준 공포감, 정체를 알 수 없는 실존주의적 두려움 등을 예술로 승화시킨 결과물입니다. 장 미셸 바스키아는 자화상에서 복잡한 감정, 혼돈 등을 단순한 형태와 색채로 표현했습니다.

한편 그의 그림에 나타나는 두상이나 신체는 그가 느끼는 패배감, 계속된 마약 남용, 빗나간 로맨스에 지쳐버린 마음을 상징적으로 투사한 것들입니다. 그의 그림에 되풀이해서 등장하는 죽음이라는 주제는 초기 작품에는 거칠게 길런 머리와 가면 같은 얼굴로 형상화됩니다. 그러다가 후기로 가면 그림에 해골이 수없이 등장하지요. 이 해골들은 단지 해부학 책을 형태적으로 인용한 것이 아니라 죽음에 대한 바스키아의 강박관념을 보여주는 증거라고 할 수 있습니다. 그가 지닌 죽음에 대한 강박관념과 흑인 영웅에 대한 생각들을 종합해보면, 그는 자신의 그림을 통해 왕관월계관을 쓸 자격이 있는 사람은 영웅뿐이고 자신이 그 영웅이라고 보았던 게 아닐까요.

요하네스 검프
「자화상」Self Portrait (1646)
캔버스에 유채, 88.5 × 89cm
우피치 미술관, 피렌체

Johannes Gumpp

요하네스 검프

자신의 뜻대로 행동하세요

외모도 준수하고 똑똑해 보이는 대학생이 찾아왔습니다. 이 학생은 다른 사람에게 너무 명랑한 사람으로 인식되어 있어 스트레스를 받으며, 심지어 자신이 상대방을 속이는 게 아닌가 하는 양심의 가책까지 느낀다고 했습니다. 주변의 요구에 맞추다 보니 점점 자신을 잃어가는 것 같기도 하고요. 저는 이 학생에게 사람들의 기대에 맞추려 하지 말고 자신의 뜻대로 행동하라고 조언해줬습니다.

다른 사람에게 나의 모습을 모두 보여줄 필요는 없습니다. 우리 모두는 상황에 따라 각기 다른 가면, 즉 '페르소나'persona를 쓰고 살아갑니다. 페르소나는 너무 강해도, 너무 약해도 안 됩니다. 다만 자신의 페르소나를 잘 이해하고 조화롭게 살아가는 것이 중요하지요.

페르소나는 우리가 사회인으로 행동할 때 착용하는 일종의 가면을 가리키는 심리학 용어입니다. 페르소나는 연극의 가면을 의미하는 라틴어에서 유래했습니다. 페르소나는 계층·직업·국적 등에 따라 다르게 나타나며, 우리는 상황마다 각기 다른 페르소나를 사용하지요.

> "다른 사람에게 나의
> 모습을 모두 보여줄
> 필요는 없습니다"

페르소나는 본래 예술계에서 널리 쓰이는 개념이었지만, 반드시 예술가가 아니더라도 적절한 페르소나가 있어야 건강하게 살아갈 수 있습니다. 페르소나를 사용하지 않고 내키는 대로 행동한다면 건강한 자아를 가졌다고 할 수 없습니다. 반면 페르소나와 자신을 지나치게 동일시하는 개인은 자신이 연기하는 역할에 갇혀버릴 위험에 빠집니다. '완벽한 페르소나'를 가진 사람은 그 가면을 떨어뜨렸을 때 그 뒤에 아무것도 없음이 드러날까 봐 두려워하며 신경증을 앓을 수도 있습니다.

요하네스 검프Johannes Gumpp, 1626-1728는 자화상에서 자신의 모습을 직접적으로 드러내지 않고, 거울을 통해 간접적으로 두 개의 얼굴을 내보이고 있습니다. 우선 얼굴은 거울에 비친 옆모습만 보이고 시선은 받침대 위에 놓여 있는 화가의 초상화를 향하고 있지요. 초상화의 시선은 다시 그 그림을 바라보는 사람을 향합니다. 진짜 '나'와 거울 속의 '나', 그리고 그림 속 '나'의 괴리는 주관적으로 느끼는 나와 객관적으로 느끼는 나의 괴리를 나타내는 듯도 합니다. 거울 속 나에 비해 그림 속 나는 좀더 또렷해 보입니다. 화가 자신이 감상자에게 드러내고 싶은 내면의 모습으로 볼 수도 있을 것 같습니다.

미술치료 기법 중에 자신의 내면을 알기 위해 거울을 보며 자신을 그리는 자화상 프로그램이 있습니다. 초상화와 달리 자화상에는 외모뿐만 아니라 자신을 바라보는 감정들이 표현되기 때문입니다.

사진기가 발명되기 이전 거울의 발명은 자화상을 탄생시켰습니다. 특히 거울은 여성에게 중요한 도구였습니다. 여성이 그린 최초의 자화상은 조반니 보카치오의 『유명한 여성들에 대하여』에서 소개되었습니다. 뒤쪽 그림에서 마르시아라는 여류 화가가 왼손에 거울을 들고 그리고 있는 이 자화상이 여성의 최초 자화상이라고 알려져 있습니다. 거울을 통해 자신의 모습을 보고 그렸는데 마르시아의 실제 모습과 아주 유사했다고 합니다.

검프와 보카치오의 그림에는 세 가지 페르소나가 표현되어 있습니다. 화가가 모델을 관찰하면서 그림을 그린다고 가정해봅시다. 그때 화가는 어느 순간에는 캔버스로 시선을 돌려야 하지요. 관찰하는 대상에서 눈을 돌리는 순간 그는 기억에 의존하여 그린다고 볼 수 있습니다. 게다가 화가의 붓은 언제나 자신이 그리는 형상을 덮고 있어서 그의 눈은 붓질이 끝난 이후에야 형태를 볼 수 있습니다. 결국 그는

조반니 보카치오
『유명한 여성들에 대하여』*Concerning Famous Women* 중에서(1403)
프랑스 국립 도서관, 파리

자신이 보지 못한 것, 영원히 볼 수 없는 것을 그릴 뿐이죠. 화가의 비애일까요. 화가는 거울을 보면서 자신의 모습을 그리지만 정작 그가 그려낸 그림 속의 모습은 거울 속의 모습이 아닙니다. 페르소나 너머 진정한 자기와의 만남 또는 페르소나 너머 진정한 자기에 대한 탐색의 장면이라고 할 수 있습니다.

흥미로운 점은 검프의 「자화상」에 두 마리의 동물이 등장한다는 것입니다. 사이가 좋지 않은 개와 고양이는 두 가지 양면을 보여주는 동시에 서로 감시의 대상입니다. 화가를 사이에 두고 서로 으르렁거리는 개와 고양이는 무엇을 나타낼까요. 아마 고양이는 거울을 의미하고 개는 그림 속의 그림을 뜻하는 게 아닐까요.

작가는 고양이와 개 사이에서 뒷모습을 보이고 있습니다. 둘 사이에서 고민하는 것처럼 느껴지지만 화가이기 때문에 그의 시선은 캔버스를 향해 있고 개가 화가와 같은 방향에 있어서인지 그림에 좀더 집중하는 것 같지요. 이는 서로 다른 페르소나 사이에서 고민하는 작가의 방황일 수도 있으며, 자기와 페르소나 사이의 갈등일 수도 있습니다. 여러분은 어떤 페르소나 사이에서 고민하고 있나요.

앙리 드 툴루즈 로트레크
「물랭 루주」At the Moulin Rouge(1892-95)
캔버스에 유채, 123×140cm
시카고 아트 인스티튜트

Henri de Toulouse-Lautrec

앙리 드 툴루즈 로트레크

불안한 상황을 견디려면

홀 전체를 감싸는 음악과 시끌벅적한 대화가 들리는 유쾌한 그림 이네요. 화가는 그림 속 여러 인물 가운데 자신을 심어놓았습니다. 대체 누구일까요. 가장 크고 잘생긴 사람, 아니면 가장 작고 생김새 가 훌륭하지 않은 사람일까요. 등장인물을 하나씩 살펴봅시다.

이 그림을 그린 툴루즈 로트레크Toulouse-Lautrec, 1864-1901는 명예를 중시하는 귀족 가문에서 태어났지만 어린 시절부터 유전적으로 농 축이골증이라는 희귀병이 있었던 데다가 두 차례의 큰 사고를 겪으 면서 장애인으로 살아야 했습니다. 또한 어머니와는 달리 아버지와의 애착관계 결핍을 겪어야 했지요.

로트레크는 안전감과 위안을 얻을 수 있는 장소와 관계를 열망했습니다. 그가 찾은 곳은 파리의 환락가 몽마르트입니다. 이곳에서 그는 창녀와 무희를 비롯해 무도회장인 물랭 루즈를 대상으로 많은 작품을 남겼습니다. 그는 자신이 구축한 세계에서 편안한 유대감을 느끼며 친밀한 관계 속에서 자신을 적극적으로 표현하고 다른 이들에게 이해를 받을 수 있었습니다. 나아가 열등감을 예술로 승화시킬 수도 있었지요.

「물랭 루주」는 로트레크가 다른 이들과의 관계 속에서 자신을 유머러스하게 노출한 작품입니다. 테이블을 가운데 두고 왼쪽 끝 붉은 수염의 노인이 비평가 에두아르 뒤자르댕이고 그 오른쪽으로 스페인의 댄서 라 마카로나, 사진 작가 세스코, 사업가이자 로트레크의 친구였던 모리스 기베르가 그려져 있습니다. 테이블 위쪽으로 나란히 걷는 사람 중에 키가 작은 이가 이 그림을 그린 화가 로트레크입니다.

자신을 이렇게 유머러스하게 묘사할 수 있는 사람이 얼마나 될까요. 유머는 인생의 고통스럽고 모순적인 측면에 대해 유쾌하고 초월적인 태도로 임하는 삶의 방식입니다. 이는 자신의 인생을 즐겁고 유쾌하게 만들 뿐 아니라 다른 사람까지 즐겁게 함으로써 친화적인 인간관계를 촉진합니다. 우리는 갈등·불안·고통의 상황에서 유머를 통해 상황을 견디는 힘을 얻지요.

유머감각은 인생에 대한 유희적 태도나 세계관에 근거를 두고 있는데, 유희적 세계관은 쾌활한 기질과 더불어 부정적 사건을 겪으면서 인간이라는 존재에 대해 깨달은 통찰의 복합적 산물입니다. 유머 감각이 있는 사람들은 인간의 한계와 불완전함을 잘 알고 있을 뿐만 아니라 이를 수용하고 용서할 줄 알지요. 이런 점에서 진정한 유머는 이 세상에 완전한 것은 아무것도 없다는 지혜를 바탕으로 합니다. 또한 유머는 개인이나 집단이 어려움에 처했을 때 부정적 감정을 완화하고 해소하는 방어기제이기도 합니다.

> "유머는 자신의 인생뿐 아니라
> 다른 사람과 친화적인
> 인간관계를 만들어줍니다"

로트레크는 신체적 갈등과 충동을 예술과 유머로 승화했습니다. 승화는 용납될 수 없는 충동을 사회적으로 용납될 수 있는 방향으로 방출하는 방어기제입니다. 예술·문화·종교·과학 등 생산적인 활동을 통해 내적인 욕구나 갈등이 생산적이고 적응적인 방향에서 간접적으로 해소됩니다. 이런 방어기제를 적극적으로 사용하는 개인은 보다 능동적으로 자아를 확대하고 강화하는 경향이 있습니다.

10대 후반, 한창 외모를 비교하고 자신의 정체성을 찾아가는 시절 로트레크는 「거울 앞 자화상」을 그렸습니다. 거울을 보며 그린 자화상 앞에서 얼마나 많은 생각을 했을까요. 이 그림을 완성하는 과정에서 숱한 감정이 교차했을 것입니다. 현실을 부정하지 않고 자신과 직면한 이 자화상은 내면의 결단을 보여주고 있습니다.

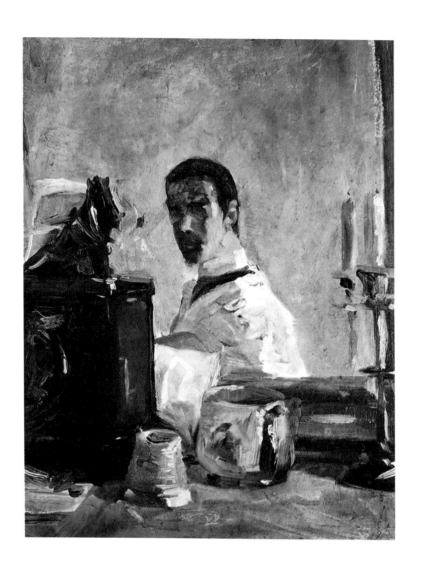

앙리 드 툴루즈 로트레크
「거울 앞 자화상」Self Portrait in Front of a Mirror(1882)
판지에 유채, 40.3×32.4cm
툴루즈 로트레크 미술관, 안비

다시 「물랭 루주」를 봅시다. 더욱 성숙한 로트레크는 사선 구도의 남자들 사이에 자신을 배치함으로써 사회적 관계 속에서 자신의 위치를 솔직하게 드러내고 사람들에게 웃음을 선사하면서 자기 강화를 했을 것입니다. 사람들과 친숙한 관계로 발전하는 과정에서 가장 두드러진 특징은 서로를 드러내는 자기 노출입니다. 자기 노출은 자신의 내적 감정과 의견을 표현하는 기능, 표현을 통해 애매한 것을 명료하게 정리하는 기능, 상대방의 반응을 통해 자기의 의견에 대해 평가와 조정을 하는 기능, 스스로 노출의 정도를 조절함으로써 상대방과의 관계를 통제하는 기능 등을 지닙니다. 자기 노출은 상대방에게 호응을 요구하고 호응이 있을 경우 관계는 친숙해지죠. 이 과정이 상대방에게 이해와 연민을 일으켜서 관심과 배려로 이어지면 서로 신뢰를 쌓고 정서적인 유대감을 만들어냅니다.

개인의 심리적 갈등이 지각과 행동에 영향을 미친다고 해서 그것이 모두 부정적인 형태로 나타나는 것은 아닙니다. 어떻게 대처하느냐에 따라 심리적 갈등이 파괴적인 형태로 나타나기도 하지만 창조적인 형태로 승화될 수도 있습니다. 로트레크는 자신의 갈등을 예술로 승화시킴으로써 치료적인 면을 경험했을 것입니다. 「물랭 루주」를 통해 바라보건대 화가는 자신의 재능으로 구축한 사회적 관계 속에서 자신을 유머 기제로 드러냄으로써 있는 그대로의 자기 인정과 사회적 지지를 얻게 되었고 이로 인해 자기 강화까지 끌어냈을 것입니다.

마리 로랑생

「자화상」Self Portrait(1908)

캔버스에 유채, 41.4×33.4cm

마리 로랑생 미술관, 도쿄

Marie Laurencin

마리 로랑생

슬픔을 위로하는 색채

마리 로랑생Marie Laurencin, 1883-1956은 20세기 초 남성 화가들 중심이던 파리의 몽마르트에서 유일한 여성 화가로 활동하고 있었습니다. 로랑생은 당시 입체주의 화가들과 활동했고, 초상화 의뢰도 많이 들어오는 화가였습니다. 그러나 당시 피카소, 마티스, 브라크, 모딜리아니 등 남성 화가들의 유명세에 밀려 이름이 묻혀버리고 말았습니다.

그런데 기회가 왔습니다. 시와 소설을 썼던 로랑생의 작품을 일본의 시인 호리구치 다이가쿠가 일본어로 번역해서 출간한 것입니다.

이를 계기로 로랑생은 일본인 컬렉터를 중심으로 작품이 재조명되었습니다. 1983년에는 로랑생 탄생 100주년을 기념해 도쿄에 마리 로랑생 미술관이 건립되었습니다.

로랑생의 초기 그림은 입체주의의 영향을 많이 받았습니다. 피카소는 로랑생의 작품을 보며 그림의 재능이 도무지 보이지 않는다며 '입체주의 소녀'라고까지 혹평을 했습니다. 그 외 많은 이가 그녀의 작품을 비난했습니다. 그러나 그녀는 사람들의 말에 자신을 함몰시키지 않았습니다.

그녀의 자화상을 보면 입체파의 영향을 받았음을 알 수 있습니다. 짧은 머리를 한 자화상을 통해서 알 수 있듯이 남성 화가들 사이에서 자신의 화풍을 찾기 위해 고군분투하는 결의에 찬 모습을 볼 수 있습니다. 남성 화가들이 기하학적인 화풍을 이끌 때 로랑생은 부드러운 곡선과 부드러운 파스텔 색조로 자신의 화풍을 만들기 시작했습니다.

평론가 아폴리네르는 로랑생을 이렇게 평했습니다.

"대부분의 여성 화가들이 남성의 작품을 따라가려고 자신의 취향과 매력을 잃어버리면서까지 남성의 능력을 능가하려고 합니다. 그러나 로랑생은 달랐습니다."

로랑생은 다양한 자화상과 초상화도 그렸습니다. 패션의 아이콘인 코코 샤넬도 초상화를 의뢰했을 정도였습니다. 그러나 로랑생이 그린 샤넬의 초상화를 보고 샤넬은 자신의 모습과 닮지 않았다고 작품 비용도 지불하지 않고 초상화를 돌려보냈습니다. 그후 한 컬렉터가

구입했고, 지금은 프랑스 오랑주리 미술관에 소장되어 있습니다. 오히려 샤넬의 초상화라는 이유로 세상에 더 많이 알려지게 되었죠. 삶의 운명처럼 그림의 운명도 알 수 없습니다.

"모든 걸 집어삼키는
삶의 아픔에서 벗어나
진정한 평화를 누려보세요"

로랑생 그림의 가장 큰 특징은 색채입니다. 두 번의 전쟁을 치른 후 사람들은 로랑생이 그린 부드러운 여성의 모습과 색채를 통해 치유와 위로를 받았습니다. 그림 속 아름다운 여인들도 슬프고 우울하며 표정이 없습니다. 여성의 사랑스러움 뒤에 보이는 슬픔과 분노, 억제된 감정이 느껴집니다. 주류로 쓰는 분홍색은 여성을 대표하는 색상이며, 리본 장식이나 진주 등은 여성을 상징하는 소품들입니다.

유화지만 수채화같이 투명한 색채로 인해 어린 소녀의 느낌을 느끼게 하며, 하얀 피부색과 까만 눈동자는 몽환적인 느낌까지 들어서 현실에는 존재하지 않는 소녀를 보는 것 같습니다.

로랑생은 귀족 출신 아버지와 하녀로 일하던 어머니 사이에서 태어났습니다. 금지된 사랑으로 태어난 사생아 출신, 어머니의 지나친 간섭과 통제, 남편의 외도로 인한 두 번의 이혼, 두 차례의 전쟁은 그녀의 삶을 불안하고 힘들게 만들었을 것입니다. 로랑생은 그림을 통해 현실에는 존재할 것 같지 않은 유토피아 속 소녀상의 자화상을 계

마리 로랑생

「자화상」Self Portrait(1924)

캔버스에 유채, 65×54cm

마리 로랑생 미술관, 도쿄

속 그리면서 위로를 받았을 것입니다.

　로랑생은 색채에 대한 자신만의 독특한 감각으로 사람들을 매료시켰습니다. 옅은 파랑색, 분홍색, 회색 등은 그녀만의 트레이드 마크이기도 하지요. 또한 그녀의 그림에는 앳된 소녀와 열정적인 청춘, 중년의 여성 등 다양한 여성의 모습이 담겨 있습니다. 이러한 여성들을 그리면서 삶의 상처를 치유하기도 했지요. 전쟁과 사랑하는 이의 배신, 삶의 아픔이 자신을 둘러싼 모든 것을 집어삼키는 것을 지켜보면서 그녀는 진정한 평화를 바랐을지도 모릅니다.

빈센트 반 고흐
「파이프를 물고 귀에 붕대를 한 자화상」Self Portrait with Bandaged Ear and Pipe(1889)
캔버스에 유채, 51 ×45cm
취리히 미술관

Vincent van Gogh

빈센트 반 고흐

고통을 아름답게

자화상을 가장 많이 남긴 화가 중의 하나가 빈센트 반 고흐Vincent van Gogh, 1853-90입니다. 그는 자신의 감정에 충실했던 인물로, 순간순간의 감정을 색깔로 잘 담아냈습니다. 표현하고 싶으면 표현하고, 받아들이지 않으면 분노하고, 극단적으로는 귀를 자르고 싶으면 자르기까지 했으니까요.

고흐가 감정적으로 늘 극단을 오가는 삶을 살 수밖에 없었던 이유는 어쩌면 태어났을 때부터 있었는지 모릅니다. '빈센트 반 고흐'라는 이름은 고흐보다 1년 먼저 태어나서 얼마 안 돼 죽은 형의 이름이

니까요. 그래서인지 그의 자화상은 죽은 형에 대한 열등감 때문에 자신을 형의 모습 또는 형보다 더 나은 인물로 대체하려는 심리를 반영하고 있습니다. 그는 오직 그림을 통해서만 사람과 접촉하고 관계를 맺을 수 있었습니다. 모델이 부족한 데다 다른 사람과의 교제도 어려웠던 탓이죠.

프로이트는 상실증과 우울증 연구에서 자신이 사랑했던 대상을 잃어버렸을 경우 그 대상과 자신을 동일시하는 자기애적 동일시를 구상했습니다. 우울증에서 대상에 몰입했던 리비도는 자아에게로 되돌아오고, 프로이트는 이를 "대상의 그늘이 자아를 도로 덮는다"고 표현했습니다. 1920년 이후 프로이트는 자아의 나르시시즘은 대상에게서 철수한 2차 나르시시즘이라고 강조했습니다. 그래서 동일시에 의해 자아로 밀려오는 리비도는 2차적 나르시시즘을 형성한다고 보았지요.

반 고흐의 경우 외부 세계에서 등을 돌린 리비도가 자아에게로 방향을 돌리면서 나르시시즘이라 불릴 만한 태도를 발생시킨 것입니다. 고흐의 자화상들은 심적 불안에 대한 자기 치료의 무의식적인 형식이자 자신의 광기를 극복하고자 하는 시도였을 것입니다.

예술촌 건설을 꿈꾸던 고흐는 고갱과 베르나르를 끈질기게 설득했고 1888년 10월 고갱과의 공동생활이 시작되었습니다. 그러나 두 사람의 성격 차이가 심해 그 생활은 순조롭지 못했지요. 그해 12월 발작을 일으킨 고흐는 고갱과 다툰 끝에 면도칼로 자신의 귀를 잘랐습니다.

「파이프를 물고 귀에 붕대를 한 자화상」에서 태연하게 파이프를 물고 있는 반 고흐는 불안, 고독, 불행과 싸우면서 자신이 아직 살아 있음을 확인하고 안도의 한숨을 내쉬는 모습을 상징합니다. 하나 더 추측할 수 있는 부분은 파이프가 아버지와 자신을 동일시하려는 무의식의 반영이라는 것입니다.

"그림은 영혼의 반영이고
자아실현이며
자기 치료법입니다"

반 고흐는 1888년 9월 자신을 만나고 돌아가는 아버지를 회상하면서 의자를 그렸습니다. 아버지가 떠난 빈 의자를 보면서 파이프를 피우는 아버지를 떠올렸듯이 파이프를 피우는 자신의 모습을 통해 실패한 아버지의 인생을 따라가는 자신을 보는 것이죠.

심리 상태는 색에서도 드러납니다. 모피의 파란색과 검은색 털들은 곤두서 있고 배경의 오렌지색과 빨간색의 경계선은 그의 눈과 일직선을 이룬 채 질병의 징후인 붕대로 우리의 시선을 이끌면서 파이프 연기로 연장됩니다. 빨간색 배경 위에 그려진 흰색 붕대는 열기로 몸을 따뜻하게 감싸려는 것으로 상처 입은 사람의 무의식을 반영합니다.

고흐가 자신의 귀를 자르고 자살을 시도했던 일화는 유명하지요. 그림 속의 파이프는 고흐 자신의 상징으로 그림의 마지막에 더해져 내적 고요와 금욕적 의지를 보여줍니다. 1885년 이후 고흐는 자화상을 많이 그렸고 생애 마지막 10년 동안 43점의 자화상을 남겼습니다.

그림에서 불안정한 심리를 드러내던 고흐는 1889년 5월 8일 결국 생레미드프로방스에 있는 생폴드모솔 요양원에 입원해 1년 정도 머무릅니다. 이 시기에 제작된 자화상은 네 번째 발작 후에 그려진 것들로 '자신을 알기도, 그리기도 어렵다'는 생각과 더불어 규명할 수 없는 자신의 존재에 대한 의문과 동생 테오의 결혼으로 인한 심리적 두려움과 불안감을 표현하고 있습니다.

반 고흐는 동생의 결혼을 반기면서도 재정적 후원이 끊길지도 모른다는 두려움과 동생이 자기에게서 멀어지리라는 불안감을 느꼈습니다. 이 시기의 그림에는 원색적이거나 밝은 보색 대비는 거의 없이 색채는 단일 색조로 훨씬 순화되어 있지요.

오른쪽 「자화상」을 그릴 당시 고흐는 자신의 상황에 절망하며 언제 닥칠지 모르는 광기에 항상 불안해했습니다. 이 작품은 그의 내면에 감춰진 심리를 분석적으로 통찰하여 상징적으로 나타냅니다. 차가운 푸른 색조와 굽이치는 붓 터치는 소용돌이와 불꽃 같은 환영의 형식으로 비극을 드러내듯 강렬하게 진동하고 있지요.

배경의 무늬는 일반적으로 묘지에 심는 '사이프러스' 나무를 연상시킵니다. 죽음의 상징인 사이프러스는 하늘을 향해 크게 파도치고 있고 배경과 대비를 이룬 얼굴은 코와 광대뼈에 깊게 주름이 지고 눈썹은 튀어나왔으며 입매는 처져 있어서 그의 불안정한 정신 상태를 드러내지요.

빈센트 반 고흐
「자화상」Self Portrait(1889)
캔버스에 유채, 65×54cm
오르세 미술관, 파리

이 자화상에서 표출되는 심리는 실패에 대한 두려움보다는 성공에 대한 처벌입니다. 고흐는 자신의 성공에 대한 두려움, 자신의 성공이 심하게 벌을 받으리라는 불길한 예감에 휩싸여 있었습니다. 이런 불안으로 그는 여러 번 전시회를 거절했고 자신의 그림이 기사화되는 것을 불안해했지요. 초창기에 성공을 꿈꾸면서 자신의 그림을 팔지 못하는 동생 테오를 무능하다고 비판했던 것과는 상반되는 모습입니다.

아마 고흐는 성공으로 인해 모든 것이 끝날 것이라는, 자신이 열중할 수 있는 대상이 사라지고 더 이상 동생의 후원과 관심을 받지 못할 것이라는 불안감에 사로잡혔던 것으로 보입니다.

의대 교수로 병원에 근무하면서 의사들에게 가장 많이 받은 질문 중 하나가 "교수님은 어떤 화가의 그림을 좋아하세요?"였습니다. 저는 반 고흐라고 말했습니다. 물론 제가 아는 화가나 유명한 그림은 수없이 많지만, 미술치료 교수로서 반 고흐라고 말할 수 있는 건 그의 삶과 예술이 함께 아프고 힘들고 치열했기 때문이라고 말할 수 있습니다. 우리 각자의 삶도 이렇게 힘들고 치열하지 않을까요.

한국인들이 가장 좋아하는 명화는 무엇일까요? 2009년 명화 복제화를 판매하는 한 업체가 온라인 쇼핑몰, 서울시립미술관 아트숍 등 온·오프라인에서 집계한 판매 순위를 보면 1위는 구스타프 클림트의 「키스」였고, 10위권 안에 2위 「해바라기」, 3위 「밤의 카페 테라스」, 9위 「별이 빛나는 밤」이 있었습니다. 고흐의 작품이 세 점이나 들어 있는 걸 보면 한국인들은 고흐를 가장 좋아한다고 볼 수 있을 것 같습니다.

그럼, 전 세계인이 가장 좋아하는 그림은 무엇일까요? 2013년 구글에서 2년 반에 걸쳐 진행한 명화 조사 프로젝트에 의하면 고흐의 「별이 빛나는 밤」이 1위였습니다.

고흐가 전 세계 사람들에게 사랑받는 이유는 고통을 아름답게 승화했기 때문일 것입니다. 조현병, 가난, 우울과 불안, 알코올 의존증, 대인관계 부족 등의 문제를 수많은 작품을 통해 따뜻한 시선으로 솔직하게, 아름다운 색채로 찬란하게 표현했던 화가는 반 고흐 이외에는 없다고 봅니다.

렘브란트 이후 가장 위대한 네덜란드 화가로 인정받고 있으며, 현대 미술사의 표현주의 흐름에 강한 영향을 주었던 고흐는 10년이란 짧은 기간 동안 강렬한 색채, 거친 붓놀림, 뚜렷한 윤곽, 섬세한 형태를 통해 그 자신을 인상 깊게 전달했습니다.

고흐에게 그림은 삶 자체였고 생명의 근원이었으며 행복의 유일한 원천이었지요. 그에게 자화상은 예술의 응결체로 자신의 열악한 여건에서 택한 종착점이자 영혼의 반영이고 자아실현이며 자기 치료법이었습니다.

"언젠가 내 작품이 물감 값보다 가치 있을 때가 올 거야"라고 말했던 고흐. 고흐의 자화상을 보면서 고흐의 삶과 예술을 생각하게 하는 시간입니다.

5. Relaxation

여유

파블로 피카소
「자화상」Self Portrait(1896)
캔버스에 유채, 32.9×23.5cm
피카소 미술관, 바르셀로나

Pablo Picasso

파블로 피카소

현실을 당당하고 거침없이

파블로 피카소Pablo Picasso, 1881-1973도 자화상을 많이 남겼던 화가 중의 하나입니다. 그러나 자화상의 변천 과정을 보면 아카데믹하게 잘 그리기만 했던 초기작에서 발전하여 조금씩 자신의 스타일을 찾아가며 마치 아이들의 그림 같은 퇴행적이고 원시적인 형태가 등장합니다. 그림이 말 그대로 표현과 놀이의 수단이 된 것입니다. 그는 그림을 통해 자신이 생각하는 바를 거침없이 펼쳐냈으며, 그 솜씨는 가히 '천재'라고 불릴 정도로 자유롭습니다.

10대 시절 그가 남긴 자화상을 보면 현재 많이 남아 있는 그의 사진에서 찾아볼 수 있는 어린 피카소의 풋풋함이 느껴집니다. 작품 전반을 감싼 갈색의 활용에서는 뛰어난 재능이 보입니다. 재킷, 얼굴, 머리카락, 배경까지 모두 비슷한 갈색 계통을 사용했지만 질감에 따른 각기 다른 표현으로 그 특색을 살리면서 작품 전체의 분위기가 잘 어우러집니다. 어린 시절부터 천재로 불렸던 피카소는 타인에게 인정받고 싶은 욕망을 충족한 뒤에도 계속 본인의 존재감을 드러내야 했습니다. 그래서 그는 많은 그림과 일화를 쏟아냈지요. 청색 시대와 장밋빛 시대, 부와 명예와 여자들까지.

피카소는 여자를 통해서 새로운 창조적 에너지를 얻었습니다. 그래서 여자가 바뀔 때마다 작품 경향도 바뀌었지요. 피카소는 그림과 여자를 통해 인간에게 가장 중요한 '인정받고 싶은 욕구'를 계속 충족시켰습니다. 이런 심리 상태가 창조의 원동력이 되어 피카소를 그 시대 최고의 화가로 만든 것은 아닐까요.

우리가 어릴 때부터 자녀를 칭찬하고 격려해주는 것도 심리적으로는 인정의 욕구를 채워주려는 것입니다. 성적이 우수한 아이들은 부모의 칭찬 덕분에 더욱 좋은 성적을 올리게 되고 그림을 잘 그리는 아이들 역시 부모의 칭찬 덕분에 그림을 더욱 잘 그리게 됩니다.

화가였던 피카소의 아버지가 아들에게 자신의 야망을 쏟으면서 많은 압박과 스트레스를 주었으리라는 생각도 듭니다. 아버지의 잔소리가 짜증 났던 것일까요. 어린 소년의 미간에 살짝 주름이 잡혀 있지만 주위에 감도는 따뜻한 분위기와 강한 눈빛에서는 열망이 느껴집니다. 다만 얼굴 뒤쪽이 어둡고 어깨가 배경과 뚜렷하게 구분되지 않는 것으로 보아 아직 자신감은 없었던 것이 아닐까요. 전반적으로 다른 자화상에 비해 생생하게 살아 있는 소년의 풋내가 느껴지네요.

> "상대방을 칭찬하고 격려하면
> 심리적으로 인정의 욕구를
> 채워주게 됩니다"

피카소는 30여 점의 자화상을 그렸지만 청년기 이후의 자화상에서는 그의 얼굴을 연상할 수 있는 어떤 장치도 사용하지 않았습니다. 그는 자기 형태의 '창조자'인 동시에 '파괴자'였습니다. 그가 화가로서 두각을 나타낸 시기에는 자화상이 거의 제작되지 않았는데 이를 통해 그가 인생의 위기에 처했을 때마다 자화상이 자아 성찰의 도구가 되어주었음을 짐작할 수 있습니다.

다음 페이지의 자화상은 피카소가 21세 때 그렸습니다. 청색 시대의 작품으로 당시 피카소는 궁핍의 절정기를 겪고 있었습니다. 퀭한 눈에 면도하지 않은 창백한 얼굴. 삶이 고달프던 시절의 모습입니다. 파란 배경 안에 파란 '내'가 있습니다. 검고 단순한 옷을 입고 있으며 야윈 얼굴에는 푸른 기가 감도네요. 첫 번째 자화상에 비하면 자신의 색깔을 확실히 찾은 듯하지만 우울함이 짙습니다.

1901년부터 4년간 피카소는 청색을 주로 썼는데, 청색은 그에게 맑고 긍정적인 색이 아니라 절망의 색이었습니다. 10대 후반부터 단짝 친구였던 카사게마스가 무심코, 아주 무심코 올려다보았을 하늘

파블로 피카소
「자화상」Self Portrait(1901)
캔버스에 유채, 81×60cm
피카소 미술관, 파리

의 색입니다. 카사게마스는 실연을 당한 후 권총으로 자살했고 이때부터 청색 시대가 열렸습니다. 피카소는 "나의 청색 시대는 카사게마스의 죽음과 함께 왔다"고 말했습니다. 청색은 그가 세상을 보는 프레임을 대변했지요. 이를테면 그가 청색으로 표현한 죽은 친구 카사게마스, 시각장애인 등은 모두 고통스러운 인생을 사는 사람들이었습니다.

1972년 피카소는 자신의 죽음을 직감한 것 같습니다. 평생 자신의 죽음에 대해 말하기를 꺼려했던 피카소는 마지막 자화상에서 적나라하게 늙은 자기 얼굴을 뚫어지게 들여다봅니다. 피카소의 입체적인 그림을 보고 있노라면 언제나 깨진 거울을 들여다보는 느낌을 받기도 하지요. 따뜻하게 느껴졌을 수도 있는 붉은 계통의 색조차 늙은 생명으로부터 빠져나가는, 얼마 남지 않은 생기로 보입니다. 이제는 입술에도 생명의 붉은 기가 느껴지지 않습니다. 얼굴에는 푸른빛이 가득하고 크게 뜬 눈은 뚫어지게 응시하고 있을 뿐입니다.

자화상은 자신과의 싸움입니다. 자화상에는 자신이 바라는 모습이 나타나기도 하지만 때로는 숨김없는 자신의 모습이 드러나거나 자기 내면이 폭발하기도 합니다. 뚫어지게 응시하는 자신을 그리면서 피카소는 지지 않기 위해 거울을, 그리고 자기 작품을 더욱 치열하게 바라보았을 것입니다.

91세의 그는 죽음에 직면한 자신을 그렸지요. 누구에게나 죽음은 두렵습니다. 정돈되지 않은 터치와 약간 처진 눈썹에서 죽음에 대한 두려움이 느껴지는 듯합니다. 하지만 그는 몸을 돌리지도, 얼굴을 돌

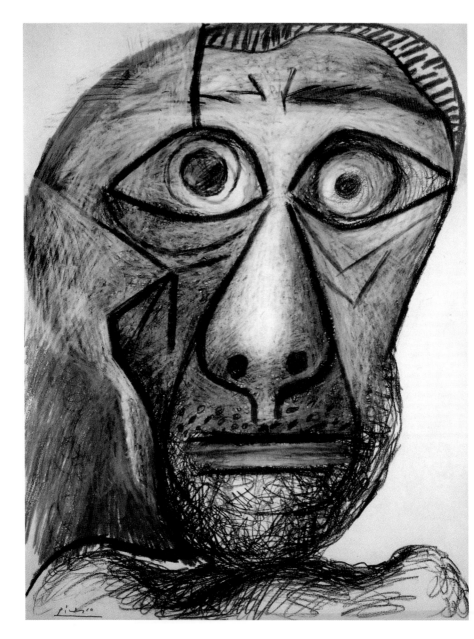

파블로 피카소

「죽음에 맞선 자화상」Self Portrait Facing Death (1972)

종이에 연필과 크레용, 65.7×50.5cm

후지 텔레비전 갤러리, 도쿄

리지도 않고 다가오는 죽음을 응시했지요.

다른 화가들의 말년 작품이 미완성이거나 약하다는 느낌을 주는 반면 피카소는 무서울 정도로 모든 상황을 직시한 채 현실을 바라봅니다. 자화상은 해골 모양입니다. 죽음을 상징적으로 표현한 것입니다. 주름을 비롯해서 '늙음'이라는 표현도 더했습니다. 삶, 나이 듦, 죽음이라는 많은 단어가 떠오릅니다. 렘브란트가 노년에도 인간의 긍지를 잃지 않기 위해 죽음에 냉소적이었다면 피카소는 움츠리지 않고 뚫어지게 죽음을 직시했습니다. 지금까지 삶에 당당했으니 죽음에도 당당하겠다는 의지의 표현이겠지요.

존 화이트 알렉산더
「머리 손질을 하는 젊은 여인」Young Woman Arranging Her Hair(1890)
캔버스에 유채, 101×55.9cm
개인 소장

John White Alexander

존 화이트 알렉산더

나만의 색을 돋보이고 싶다면

다른 사람 앞에서 발표하거나 말할 자리가 있으면 극도의 긴장으로 일을 그르치는 사람이 있습니다. 이러한 두려움은 어디서부터 시작된 것일까요. 청중에게서 비난받지 않을까, 나의 부족한 모습이 들통나지 않을까라는 걱정에서 나온 것이 아닐까요. 나의 개성과 가치, 독창성은 물론이고 준비한 발표 내용과 내가 이미 알고 있던 지식까지 의식 저 아래로 내려가고 떨림과 두려움, 긴장감만 남지는 않았나요.

여러분께 프랑스 동화를 들려드리겠습니다. 동화의 주인공은 커다랗고 까만 늑대입니다. 늑대는 새까만 자신의 모습이 불만스럽습니다. 좀더 멋져 보이고 싶었던 늑대는 만족스러운 모습을 찾기 위해 온갖 색깔로 자신을 치장합니다. 하지만 온몸에 여러 색을 칠하면 칠할수록, 치장을 하면 할수록 점점 추해지는 자신을 발견합니다. 주변에서도 늑대의 노력은 알아주지 않고 그저 색색깔로 변하는 늑대의 모습을 보고 웃기만 하지요.

하루는 아름다운 공작새의 깃털을 모두 뽑아 자신의 몸을 치장합니다. 늑대는 만족스러워하며 외출을 합니다. 하지만 집으로 돌아와 깃털을 뽑고 다시 커다랗고 까만 자신의 모습을 바라보며 깨닫습니다. 아! 나에게 가장 어울리는 색은 까만색이야. 난 까맣고 멋진 늑대야. 지금 이대로가 좋아!라고 말이죠.

> "약간의 긴장감은 오히려
> 자신의 능력을 최대한
> 발휘하게 합니다"

앞에 소개한 작품을 보세요. 화면을 가득 채운 초록이 작품의 분위기를 좌우하고 있습니다. 그녀의 포즈는 어떠한가요. 편안하면서도 당당한 모습이 인상적입니다. 드레스에 화려한 장식 하나 없이 색 하나만으로 자신을 드러내는 모습은 매력적이기까지 합니다. 왠지 그녀에게는 어떠한 일을 주더라도 해낼 것 같은 자신감이 느껴지기도 합니다. 내면의 당당함이 있기에 가능한 모습이 아닐까요.

발표나 연설은 다양한 목적으로 진행됩니다. 정보를 전달하기도 하고 나의 주장이나 의견을 이야기하는 자리도 됩니다. 여러 사람 앞에서 의견을 전달해야 하는 의사소통이기 때문에 무엇보다 철저한 준비가 가장 중요합니다. 준비에는 여러 가지 방법이 있습니다. 목적과 주제에 맞게 정확한 자료를 찾아서 개요 등을 작성하고 나면 최종 발표 준비를 하게 됩니다. 이때 필요한 것이 끊임없는 연습입니다.

하지만 이때도 지나치게 잘하려는 완벽성을 추구하기보단 점점 나아지는 모습을 기대하며 연습하는 것이 좋습니다. 작품 속 여인의 드레스처럼 노랑과 파랑의 중간색이며 모든 색의 중간에 속하는 초록의 균형감을 찾아가는 것입니다. 발표에 대한 불안감, 무대에 대한 공포증에 휘둘리지 않고 정보 전달에 집중해서 발표하는 나와 발표를 듣는 청자 사이의 거리감을 좁혀나가는 연습이 중요합니다.

특히 이런 연습을 통해서 실제 발표 장면에서 실수를 하더라도 유연하게 넘어갈 수 있는 순발력과 융통성을 길러야 합니다. 실수를 했다고 해서 위축되거나 당황하여 남은 시간을 우왕좌왕한다면 그동안의 준비와 노력이 물거품이 됩니다.

스트레스가 없는 생활은 찾기 어렵습니다. 약간의 긴장감은 오히려 자신의 능력을 최대한 발휘하게 하는 요소가 되기도 합니다. 스트레스를 부정적 의미가 아닌 삶의 긴장감으로 동기 유발을 하고 활력을 불어넣어줄 계기로 전환함으로써 긍정적으로 받아들일 수 있게 되는 것이지요. 내 마음을 다스리고 스스로와의 싸움에서 이기기 위해서는 자신의 사고를 유연하게 통제하는 힘이 필요합니다.

존 화이트 알렉산더
「유월」June(1911)
캔버스에 유채, 124.2×91.8cm
스미스소니언 미국 미술관, 워싱턴 D.C.

당신도 커다랗고 까만 늑대가 될 수 있습니다. 어느 날 거울 속의 내 모습이 마음에 들지 않을 수 있습니다. 내 몸에 여러 색을 칠하고 깃털 장식을 하며 자신을 변화시키는 시도를 해볼 수도 있습니다. 다양한 시도를 해보는 것은 좋습니다. 하지만 그 변화 속에서 자신을 잃지 않는 것이 중요합니다. 나의 까만 몸이 있어야만 화려한 색이 돋보입니다.

존 화이트 알렉산더John White Alexander, 1856-1915가 그린 작품의 여성은 우아하지만 당당함도 있습니다. 그리고 패션을 보면 지금 우리가 보아도 세련되게 표현되었습니다. 옷의 질감이나 디자인, 헤어스타일도 여인의 표정과 잘 어울립니다. 소품 또한 여성의 내면을 잘 반영해주고 있습니다. 기품과 당당함을 가진 여성들이 정면을 응시하면서 당당하라고 말해주는 것 같습니다.

초록 옷을 입은 여인은 과연 초록 옷만 돋보이게 할까요. 아마도 자신감과 당당함이 가득한 그녀는 어떤 색의 옷을 입어도 소화가 가능하리라 생각합니다. 자신의 힘을 믿고 나아가는 것, 그것이야말로 진정한 힘입니다.

페테르 파울 루벤스
「자화상」Self Portrait(1639)
캔버스에 유채, 110×85.5cm
빈 미술사 박물관

Peter
Paul Rubens

페테르 파울 루벤스

인생의 변화를 겪을 때

지금 변화의 시기를 겪고 있나요. 그렇다면 여기 페테르 파울 루벤스Peter Paul Rubens, 1577-1640의 자화상을 주의 깊게 보기를 바랍니다. 미술치료를 하다 보면 현재 많은 변화를 겪고 있는 사람들을 자주 만나게 되는데, 저는 그들에게 루벤스의 그림을 많이 보여줍니다. 화가뿐만 아니라 외교관으로 활동하면서 거의 3,000점에 이르는 작품을 남겼던 루벤스는 인생에서 변화를 겪을 때마다 자화상을 남겼습니다. 그래서인지 그의 자화상에는 그가 느꼈던 심리적·육체적·환경적 변화가 잘 드러나 있습니다.

"특정 지위와 자신을 동일시하는 사람은
자신의 모습이 아닌 자기가 맡은 역할에서
나르시시즘의 만족을 구합니다"

대다수의 사람들이 청년기는 대부분 앞만 보고 달리다가 중년이 되면 생을 돌아보게 되지요. '마흔' '중년'에 대한 관심이 몰리는 것도 이와 무관하지 않을 것입니다. 마흔이나 중년은 많은 사람이 겪고 있는 생의 주기입니다. 다가오는 노년을 잘 맞으려면 스스로 생의 주기를 감지하고 잘 보내는 것이 중요합니다. 우리의 자아는 변화를 통해서 자아상을 재정립하는데, 위기가 발생했을 때 자아의 기능과 삶의 균형을 잃지 않아야 하죠.

앞의 그림은 루벤스가 1639년에 그린 자화상입니다. 이 작품은 그가 그린 이전의 초상화보다 높은 격조를 갖추고 왕이나 통치자와 능숙하게 교제하는 귀족의 이미지를 보여주고 있습니다. 1630년에는 잉글랜드의 찰스 1세가, 1631년에는 펠리페 4세가 그에게 기사 작위를 수여했습니다.

그림에서 루벤스는 통풍으로 불편했던 오른손을 장갑으로 숨기고 있습니다. 병으로 생긴 손과 얼굴의 붉은 반점도 그대로 표현하는 등 육체는 쇠약했지만 태도나 의상에서는 귀족의 품위가 느껴집니다. 그의 표정이 밝지 않은 것은 오른손의 심한 통풍 때문이 아닐까 짐작해봅니다.

미술용품을 사본 적이 있는 분이라면 알 만한데요. 현재 쓰이는 미

페테르 파울 루벤스

「인동덩굴 숲의 루벤스와 그의 첫 번째 아내 이사벨라 브란트」

The Artist and His First Wife, Isabella Brant, in the Honeysuckle Bower (1609)

캔버스에 유채, 178×136.5cm

알테 피나코테크, 뮌헨

술용품 중에 그의 이름을 딴 '루벤스' 상표는 가격이 비싼 편에 속합니다. 그가 후세 화가에게도 워낙에 도움이 되는 모범적인 그림을 그렸기 때문이기도 하지만 그의 그림이 고급스러운 귀족의 느낌을 주기 때문입니다. 루벤스는 평생 귀족 대우를 받으면서 명문가의 딸과 결혼해 기사 작위까지 받았으나 실제로 그의 몸에는 귀족의 피가 한 방울도 흐르지 않았습니다.

하지만 젊은 시절 루벤스의 자화상을 보면 그는 귀족으로 보이기 위해 애쓰고 있는 듯합니다. 아내 이사벨라와 함께 있는 그림에는 신분을 나타내는 각종 장식이 등장합니다. 그의 아내 이사벨라는 값비싼 레이스, 보석, 칼, 비단 신발 등에 파묻혀서 잘 보이지도 않네요. 왕의 권위를 상징하는 황금 칼과 금빛 매듭이 달린 신발은 자신이 왕과 같은 존재임을 과시하고 있습니다.

또한 그는 자신의 그림 곳곳에서 자신이 왕과 같은 호사를 누리면서 얼마나 부유하게 살았는지를 보여주고 있습니다. 이를테면 메디치가 프랑스에 도착하는 장면을 그리면서 자신을 귀족들 사이에 배치했고 유명한 철학자들의 그룹 초상화 안에 자신을 포함시키기도 했습니다. 귀족과 같은 지위에 있는 자신을, 나아가 화가이자 철학자로서의 자신을 과시한 것이죠. 그래서 그의 그림에는 사회적 동일시와 더불어 허세 방어기제도 엿보입니다.

그에게 자화상은 아마도 사회적 동일시의 수단이었을 것입니다. 사회적 동일시란 자신을 특정 집단의 구성원으로 규정하고 그 집단의 지위나 특성을 자신과 동일시하는 것을 말합니다. 이렇게 특정 지위와 자신을 동일시하는 사람은 본래 자신의 모습이 아닌 자기가 맡은 역할에서 나르시시즘의 만족을 구하지요.

내가 응원하는 팀이 이기면 마치 내가 이긴 것 같은 기분이 들 때가 있지 않으셨나요. 마치 내 일처럼 회사 일에 몰입하면서 회사 내 직위만 좇는 이들도 있지요. 기업이 유명한 스타를 광고 모델로 내세우는 이유는 소비자의 동일시 욕구를 이끌어내기 위해서입니다. 적절한 동일시는 자존감 유지에 도움을 주지만 자신의 결점이나 무의식적 열등감을 감추려고 지나치게 자신을 과시하다 보면 허세로 발전할 수 있지요.

하지만 루벤스는 자신의 일에 계속 집중하면서 자신이 가지고 있는 상승곡선을 잘 이용해 원하는 위치로 올라간 것 같습니다. 나이가 들어도 변함없이 안정적인 작품을 생산해온 그를 보면서 아름답게 늙어가는 인생이 무엇인지 생각해봅시다.

얀 페르메이르
「진주 귀걸이를 한 소녀」 Girl with Pearl Earring (1665)
캔버스에 유채, 44.5×38.1cm
마우리츠하위스 미술관, 헤이그

Jan Vermeer

얀 페르메이르

신비감은 상상력을 자극합니다

이 그림의 주인공은 남자일까요, 여자일까요. 웃고 있는 걸까요, 무표정인 걸까요. 얼굴만 보면 성별부터 감정 상태까지 레오나르도 다빈치의 명화 「모나리자」처럼 파악할 수 없어 '북유럽의 모나리자'라는 별칭을 지닌 그림입니다. 북유럽 사람들이 매우 좋아하는 그림이기도 하지요. 혹자는 이 그림을 두고 '영원히 밝혀지지 않을 신비한 그림'이라고도 했습니다.

웃는지 아닌지는 눈꼬리를 보면 알 수 있지만 작가는 의도적으로 눈꼬리를 드러내지 않았습니다. 한쪽은 그리지 않았고 한쪽은 그림자로 교묘히 가렸습니다. 웃을 때 눈가의 근육을 움직이기 때문에 눈가에 주름이 생기지요. 크게 웃으면 크게, 작게 웃으면 미세하게 근육의 움직임이 생깁니다. 만약 누군가 눈가에 주름도 없이 웃는다면 그것은 거짓 웃음일 것입니다. 거짓 웃음은 인간만이 만들어낼 수 있지요.

「진주 귀걸이를 한 소녀」는 전체적인 분위기로 봐서 왠지 슬픕니다. 칠흑같이 어두운 배경 때문이기도 하지만 소녀의 눈동자, 즉 금방이라도 눈물을 흘릴 것처럼 슬퍼 보이는 눈동자 때문이지요. 눈동자와 입 그리고 눈꼬리의 모호한 조화가 그림의 해석을 다양하게 하고 의미를 더해주고 있습니다. 과연 머리에 터번을 두른 진주 귀걸이의 소녀는 누구일까요.

> ***"거짓 웃음은 인간만이
> 만들어낼 수 있습니다"***

소녀는 존재하지 않는 사람입니다. 17세기 네덜란드에서 주로 그려진 '트로니'tronie입니다. 트로니는 고유의 의상을 입은 특별한 인물 유형을 대표하는, 가슴 높이의 초상화를 말합니다. 이 그림 역시 트로니로서 화가의 상상이 만들어낸 이국적인 인물을 보여주고 있습니다. 살아 있는 것만 같은 앳된 소녀는 많은 궁금증을 자아냅니다. 이런 풀리지 않는 신비감은 많은 사람의 상상력을 자극하면서 소설과 영화까지 탄생시켰지요.

얀 페르메이르

「물주전자를 든 젊은 여인」Young Woman with a Water Pitcher(1662)

캔버스에 유채, 45.7×40.6cm

메트로폴리탄 미술관, 뉴욕

동명의 소설에 따르면 하녀인 그리트가 창문을 닦는 세심한 동작이 화가 얀 페르메이르Jan Vermeer, 1632-75에게 영감을 주어 「물주전자를 든 젊은 여인」이 창작되었고, 그리트는 페르메이르를 위해 염료와 유약을 만들면서 그림 구성에 대한 제안까지 하게 됩니다. 남들에게 천대받는 그리트는 페르메이르에게 완벽한 '일상'의 주제가 되어 영감을 자극하고 그의 뮤즈가 되지요.

불과 30점의 그림만을 남긴 페르메이르가 주로 그린 모습은 한두 사람이 등장하는 평범한 일상의 모습입니다. 그의 작품에서 가장 두드러진 요소는 햇빛의 부드러운 움직임을 매우 객관적으로 기록했다는 점이지요. 창문을 투과하는 밝고 자연적인 빛을 이용해 인물들의 갖가지 행동을 드러내는 동시에 어떤 의미 있는 순간을 포착하고 있습니다.

우리는 터번을 쓰고 진주 귀걸이를 한 소녀가 정말 하녀였는지, 좋은 집안의 딸이었는지, 아니면 페르메이르의 상상 속 인물이었는지는 알 수 없습니다. 하지만 상상 속의 인물이라고 하기에는 페르메이르가 너무나 정성 들여서 어떤 인물보다 아름답게 소녀를 그려낸 것 같습니다. 그림을 보는 사람들이 그림 속 여인에게만 집중할 수 있도록 말이지요. 참고로, 이 그림에 많이 쓰인 파란색 물감은 그 당시 가장 비싼 물감이었다고 하니, 그림에 쏟은 페르메이르의 정성을 짐작할 수 있지요.

이렇게 페르메이르에게 「진주 귀걸이를 한 소녀」 속 모델의 이미지가 시사하는 바는 원래부터 굉장히 컸던 셈입니다. 소녀가 실존 인물이든, 상상의 인물이든 간에 페르메이르는 그녀에게 많은 의미를 부여했습니다. 평생 한곳에만 머물렀던 페르메이르가 한 번도 가보지 못한 이국과 이국의 여인에 대한 상상을 그림에 담았을 수도 있고, 그저 단순히 자신이 바라는 이상형을 그림에 투사했을 수도 있습니다.

칼 라르손

「자기 분석」Self-examination(1906)
캔버스에 유채, 95.5×61.5cm
우피치 미술관, 피렌체

Carl
Larsson

칼 라르손

행복을 놓치기는 싫어요

똑같이 불행한 일을 겪더라도 어떤 사람에게는 그 경험이 외상 후 스트레스 장애로 남는가 하면 어떤 사람에게는 그 경험이 삶의 발전적인 요소가 되기도 합니다. 앞으로의 인생이 어떻게 펼쳐질지 알 수 없기 때문에, 트라우마 상황이 닥친다면 스스로 극복하는 자신만의 방법이 있느냐가 매우 중요하겠지요. 화가의 경우 대부분 상처를 그림에 표현하면서 치유하게 됩니다. 그중에도 특별히 과거의 불행을 잘 극복한 그림이 있습니다.

스웨덴의 국민 화가로 꼽히는 칼 라르손Carl Larsson, 1853-1919은 빈민가에서 태어나 젊은 시절 우울증과 자기 회의에 빠져 있었습니다. 이처럼 유년기에 애착관계를 제대로 형성하지 못한 사람이 반전을 꾀할 수 있는 계기가 결혼입니다.

"불행한 일을 똑같이 겪더라도
극복할 수 있는 자신만의 방법이
있느냐가 매우 중요합니다"

다행히 라르손은 젊은 화가인 카린 베르괴와 결혼하면서 여덟 명의 자녀를 낳고 단란한 가정을 꾸렸습니다. 이런 안정된 가정생활은 그의 작품에도 좋은 영향을 주었지요. 그의 그림에는 아이의 장난감이나 풍선 등 일상의 소소한 소재들이 등장합니다. 그림 속의 상징은 어떤 사람이나 사물에 부착된 감정적 가치가 전치된 것입니다. 개인이 고통스럽게 여기는 욕구는 의식상의 인격에 고통을 주기 때문에 억제되고 억제된 욕구는 거의 위장된 채 상징적 형태로 의식에 나타납니다. 개인은 상징의 의미에 대해서는 알지 못한 채 이를 현실로 인식하지요. 또한 원래의 대상은 어떤 면에서 금기의 성질을 띠고 있으며, 내세워지는 대상은 중립적인 또는 무난히 수용될 수 있는 면을 가지고 있는 경우가 대부분이어서 상징은 무의식의 언어라고 볼 수 있습니다.

그림 속 그의 손에 있는 작은 인형에 주목해봅시다. 그림에서 마카

브르 인형은 칼 라르손 자신의 상징물입니다. 화가와 인형 둘 다 검은 모자를 쓰고 있지만 표정은 대조적이네요. 화가 자신은 심각한 표정을 짓고 있지만 그의 상징물인 인형은 우스꽝스러운 표정을 짓고 있으니까요.

여기에서 인형을 꽉 움켜쥔 그의 손은 무엇을 말하고 있을까요. 이는 자신의 그림 세계를 통해 표현한 것들과 행복을 놓치기 싫어하는 굳은 의지로 해석될 수 있습니다.

라르손이 가장 아꼈던 자화상인 이 작품은 그가 주로 그렸던 스웨덴 전원생활의 아름다움을 담은 수채화들과는 다른 느낌입니다. 그는 굳은 표정으로 정면을 응시하면서 면밀히 자기를 분석하는 모습을 보여줍니다. 「자기 분석」이라는 제목으로 자신뿐만 아니라 자신이 있는 곳의 배경과 소품들도 차분한 색채로 그려내고 있지요.

오른쪽 창문 너머에 카린 베르괴의 모습을 원경으로 흐릿하게 묘사해놓은 것은 화가의 길을 포기하고 가족을 위해 헌신하면서 그림의 배경처럼 가족의 삶을 떠받쳐준 아내에 대한 고마움의 표현인 동시에 자기 분석에서 아내가 빼놓을 수 없는 존재임을 의미합니다. 그는 자신의 전원주택에서 아내와 아이들의 웃음과 삶을 고스란히 예술로 승화시키면서 오늘날까지 많은 이에게 행복을 전하고 있습니다.

피에르 오귀스트 르누아르
「자화상」Self Portrait(1876)
캔버스에 유채, 73.3×57.3cm
하버드 미술관, 케임브리지

Pierre-Auguste Renoir

피에르 오귀스트 르누아르

세월이 흘러도 여유롭게

어떤 화가의 그림을 보면서 행복감을 느낀 적이 있나요. 그러한 감정이 드는 이유가 무엇일지 한번이라도 생각해보았나요. 미술치료는 평소에 잘 드러나지 않았던 이미지를 그림을 통해서 끌어내는 과정입니다. 내 안에 존재하는 감정들을 하나씩 어루만지는 시간이기도 하지요. 좋아하는 그림은 내가 지향하는 가치를 좀더 품고 있는 이미지의 집합이라고 보면 됩니다.

저에게는 피에르 오귀스트 르누아르Pierre-Auguste Renoir, 1841-1919의 그림이 그러합니다. 어렸을 적부터 제 방에는 명화 달력이 항상 걸려 있었습니다. 그때나 지금이나 명화 달력에 빠지지 않고 등장하는 그림이 고흐, 르누아르 등 인상파 화가의 작품인데, 르누아르의 그림은 늘 저에게 보드랍고 따뜻한 느낌을 줬습니다. 그림 속 붓의 터치감은 부드럽고 섬세하면서도 생동감과 율동감을 품고 있습니다. 그림 옆으로 항상 태양이 비추는 것처럼 빛을 풍부하게 표현해내죠. 그림에 등장하는 인물 수가 많고 배경과 의상도 밝습니다.

본격적으로 미술에 관심을 갖고, 르누아르의 생애와 다른 그림을 접하면서 제가 그의 그림을 좋아한 이유는 그의 생애와도 연관이 있을지 모르겠다는 생각이 들었습니다. 그는 결혼을 통해 안정애착을 발달시켰고 그 애착관계가 불러온 충만한 행복감을 가정에 대한 사랑, 사람에 대한 관심, 자연에 대한 애정으로 승화시켰습니다. 가족에 대한 애정이 듬뿍 담긴 르누아르의 그림을 보면 그가 가정에 얼마나 많은 애착을 갖고 있었는지 짐작할 수 있습니다.

애착 이론을 정립한 에인스워스Mary Ainsworth와 볼비John Bowlby에 따르면, 초기 성인기에 이성과 친밀한 관계를 형성할 수 있다면 파트너와 자신의 미래를 설계하고 희망을 품게 되며 자신을 이해하게 되고 타인에 대한 배려와 존중을 터득함으로써 원만한 대인관계를 배우게 됩니다. 이렇게 이성과 친밀한 관계를 구축한 사람들은 자신의 생각이나 문제를 함께 나눌 수 있는 타인을 갖게 되어 더 큰 행복함을 느끼게 되지요.

르누아르는 이 시기에 사랑하는 이와의 결혼으로 훌륭한 애착관계를 형성했습니다. 그 결과 일상의 소소한 행복을 담은 「그네」 「시골의

게르 오귀스트 르누아르
「골의 무도회」
nce in the Country(1883)
버스에 유채, 180×90cm
르세 미술관, 파리

무도회」「피아노 치는 소녀들」「책 읽는 소녀」 등을 남길 수 있었지요.

남녀가 춤을 추고 있습니다. 여자의 표정이 밝습니다. 남자의 모자가 바닥에 떨어졌지만 개의치 않고 춤을 추고 있습니다. 부드러운 붓터치, 온화해 보이는 그림의 느낌은 행복을 주는 남녀의 모습입니다.

"안정형 애착관계를 이루기 위해서는 희생과 노력이 필요합니다"

저를 찾아온 35세의 남성 환자가 있었습니다. 그는 어린 시절 부모의 사이가 좋지 않아 정서적으로 불안함을 겪긴 했지만 다행히 우수한 대학을 나오고 번듯한 회사에 취업할 수 있었습니다. 하지만 그의 결혼생활은 원만하지 않았습니다. 여성과 가족에 대한 이해가 부족한 데다가 어린 시절부터 눌러왔던 감정들이 열등감으로 표현된 것이 원인이었습니다. 다행히 부부가 함께 문제를 극복하면서 안정형 애착관계를 형성할 수 있었습니다. 그러나 이 때문에 헤어지는 부부도 많습니다. 그만큼 안정형 애착관계를 이루기 위해서는 희생과 노력이 필요합니다.

1876년에 그린 젊은 시절 르누아르의 자화상을 볼까요. 당시 왕성하게 활동하던 인상파 화가답게 색채에 대한 감정이 열렬하게 드러납니다. 색채적인 관점에서 그의 그림이 따뜻하고 부드러워 보이는 이유는 선명한 초록빛과 순수한 푸른색에 의해 돋보이는 빨간색, 주황색, 노란색 등을 즐겨 사용했기 때문입니다. 이 색깔들은 난색 계열로 빨간색은 따뜻함(격정, 화, 환희, 활력, 흥분), 주황색은 적극성(기쁨, 들뜸, 활발, 건강), 노란색은 활동성(쾌활, 명랑, 유쾌, 활동, 건강)을 나타냅니다.

색채치료에서 빨간색은 무감각하고 냉정하며 생각이 많은 사람에게 사용됩니다. 환자들은 빨간색이 주는 감정과 에너지를 경험함으로써 어떤 활동에 동기를 부여받고 용기를 내서 일을 시작할 수 있습니다. 불안을 멀리해서 안정을 얻게 되며, 관계나 상황에서 안정감을 얻지요.

주황색은 침울하고 우울한 사람에게 도움을 줍니다. 모든 일에 관심 없이 무기력하고 무감각한 사람에게 주황색으로 낙서를 하거나 그림을 그리게 합니다. 인지학적 미술치료에서 주황색은 어떤 사람에게는 치료에 도움이 되는 색이지만 어떤 사람에게는 안정을 파괴하는 색이 되기도 합니다. 우울 증세가 있고 활동적이지 못한 사람은 주황색으로 기분이 좋아지며 생동감을 얻습니다.

노란색은 왼쪽 뇌를 자극하는 색으로 학문 등 지적인 일에 도움을 주므로, 정신력과 기억력을 강화하고 지적 학습을 개발하는 목적으로 사용될 수 있습니다. 노란색은 현실성이 지나치게 부족한 사람이나 보호받지 못한 사람들에게 긍정적인 에너지를 주는 한편, 고집이 세거나 자기에게 집착하는 고루한 사람은 연한 노란색으로 낙서를 하거나 그림을 그림으로써 자신에게서 따뜻한 느낌이 나오게 할 수 있습니다.

피에르 오귀스트 르누아르
「자화상」Self Portrait (1910)
캔버스에 유화, 45.7×38cm
개인 소장

왼쪽 그림은 르누아르가 죽기 9년 전에 비교적 세밀하게 자신의 모습을 담은 것입니다. 노년임에도 부드럽고 인자한 표정과 빛나는 눈빛이 돋보이네요. 이 자화상을 통해 르누아르는 자신의 인생을 있는 그대로 수용하고 두려움 없이 죽음을 기다렸음을 짐작할 수 있습니다. 노년의 그는 심한 신경통으로 고생하는 바람에 헝겊을 손에 말아 넣고 그 사이에 붓을 끼워 고정시킨 채 그림을 그려야 했습니다. 하지만 숨을 거두는 날까지도 붓을 놓지 않았고 죽기 전 12년 동안 무려 800점의 작품을 남겼습니다.

르누아르는 안정된 애착관계로 행복감과 여유로움이 충만했고 노년에는 자신의 인생을 정면으로 직시함으로써 건강한 자아 통합을 이루었다고 볼 수 있습니다. 이것이 그의 작품이 따뜻하게 느껴지는 이유이며, 우리가 그를 '행복의 화가'라고 부르는 이유입니다. 우리의 마지막도 이렇게 충만할 수 있다면 얼마나 좋을까요.

앙리 루소
「생루이섬에서의 자화상」Self Portrait from L'ile Saint Louis(1890)
캔버스에 유채, 146×113cm
프라하 국립 미술관

Henri Rousseau

앙리 루소

나의 일에 자부심이 있어요

"제가 ~거든요" 하고 본인을 설명하는 사람을 본 적이 있습니까. 이런 말을 하는 상대에게 "아, 그렇게 유명한 분이셨어요?" "정말 대단하신 분이네요"라고 답해주면 상대의 얼굴이 자부심으로 환해지는 걸 느낀 적이 있을 겁니다. 반대로 내가 그렇게 이야기를 하고 상대방이 알아봐주기를 바랐던 경우도 있었을 테지요.

아이든 어른이든 자신이 그린 사물을 남들이 알아보지 못할 것을 염려해서 그림 위에 군이 글씨를 써놓는 경우가 있습니다. 또는 다양한 소품을 등장시켜서 자신에 대한 정보를 최대한 자세하게 제공하는 사람들도 있지요.

"이 세상을 떠날 때
남겨야 하는 가장 마지막 단어로
무엇을 고르겠습니까"

어느 가정 폭력 피해 여성이 그린 그림에는 괴수 같은 남편을 중심
으로 칼을 비롯한 다양한 물건들이 소용돌이치고 있었습니다. 이 끔
찍한 도구들은 폭력에 사용되었던 것들이지요.

그녀는 그림을 그리는 동안 한 마디도 하지 않았습니다. 하지만 그
림에 등장하는 도구들을 보며 그녀가 육체적으로나 정신적으로 얼
마나 힘들었을지 짐작할 수 있었지요. 아마도 그녀는 당시의 일을 남
에게 이야기하는 것조차 너무나도 고통스러웠을 것입니다. 그러니
자신의 기억을 그림으로 옮기는 게 그녀가 할 수 있는 일의 전부였던
것이지요.

그림에서도 이런 외침이 느껴질 때가 있습니다. 앙리 루소Henri
Rousseau, 1844-1910의 자화상이 그러합니다. 루소는 자신의 모든 생각
을 자신과 함께 배경에 집어넣었습니다. 자화상 한 점으로 루소에 대
해 모두 알 수 있을 정도로 말이죠.

자화상을 자세히 살펴보면 그는 화가로서의 자부심과 소망을 언어
대신 그림으로 열심히 설명하고 있습니다. 사실과 환상을 결합시킨
몽환적인 작품 「꿈」 「잠자는 집시」 「뱀을 부리는 주술사」 등을 그린

앙리 루소. 그는 처음부터 그림을 그리지는 않았습니다. 프랑스 파리에서 세관 직원 등으로 무려 22년 동안 직장생활을 하다가 49세가 되어서야 비로소 전업 화가의 길을 걸었던 그는 독학으로 주말마다 그림을 그렸기에 '일요화가'의 대명사로도 널리 알려져 있습니다.

이 자화상은 아직 루소가 세관 직원으로 일하던 44세 때의 작품이지만 그림에는 화가로서의 자부심이 느껴집니다. 배가 있는 센강 둑에 누가 봐도 화가인 사람이 서 있네요. 그림 속 그의 손에는 팔레트가 들려 있고, 그 팔레트에는 사별한 두 아내의 이름인 '클레망스와 조세핀'이라는 글자가 보입니다.

배경이 되는 풍경 또한 인물의 여러 정보를 담고 있는데, 에펠탑과 축제 분위기의 화물선은 1889년 프랑스 대혁명 100주년을 기념해서 개최된 만국박람회와 관련된 것으로 보입니다. 다른 무엇보다 자신을 가장 크게 그렸는데, 이는 그 정도로 대단하고 위대한 화가가 되고 싶다는 소망을 나타냅니다.

만일 여러분이 자신을 그림으로 그리고, 팔레트에 이와 같은 단어를 적어야 한다면 어떤 단어가 남을 수 있을까요. 이 세상을 떠날 때 남겨야 하는 가장 마지막 단어를 골라야 한다면 어떤 단어를 고르겠습니까. 루소의 자화상이 우리에게 남긴 질문입니다.

제임스 앙소르
「마스크가 있는 자화상」Self Portrait with Masks(1899)
캔버스에 유채, 117×82cm
메나드 미술관, 고마키

James Ensor

제임스 앙소르

거짓된 페르소나의 진실

제임스 앙소르James Ensor, 1860-1949는 벨기에 출신 표현주의 화가입니다. 처음에는 드가나 고흐와 같은 인상주의 작가들의 영향을 받아 사실적인 그림을 많이 그렸던 작가예요. 그러다가 1887년 이후 전통적인 관념에 도전하며 그림 속에 가면·해골·망령 등의 소재를 활용해 인간의 어리석음을 풍자하고 환상적이거나 기이한 이미지로 표현했습니다. 또한 앙소르는 가면들과 사람들의 얼굴을 왜곡시켜 표현함으로써 사람들에게 전달하고자 하는 메시지를 우회적으로 전달했습니다.

제임스 앙소르의 그림에는 가면이 자주 등장합니다. 사람들의 거짓된 페르소나를 지적하고 싶었기 때문입니다. 앙소르가 태어나고 어린 시절을 보낸 곳에는 오랜 전통과 인습이 있었습니다. 그곳에서 지내면서 앙소르는 사람들과의 관계에서 답답함을 느꼈습니다. 거짓된 얼굴로 서로를 대하는 모습에 염증을 느끼기도 했습니다. 그의 이러한 마음이 가면을 쓴 다양한 그림에 잘 담겨 있습니다.

그의 자화상에는 모자가 자주 등장합니다. 청년 시절을 제외하고 자화상에는 모자들이 등장합니다. 앞의 작품에서도 꽃으로 장식한 모자를 쓰고 가면들에 둘러싸여 있는 화가의 모습을 볼 수 있습니다. 화려한 모자를 쓴 자신의 모습을 통해 권위에 도전하고자 하는 앙소르의 마음을 표현하려고 한 것은 아닐까요.

앙소르처럼 무언가 이야기를 해도 듣지 못하거나 받아들여지지 않는 경우가 많아서 답답한 경험이 있을 것입니다. 무언가를 변화시키기 위해 도전할 때 스스로가 지치는 경우도 있습니다.

오래된 인습과 전통은 금방 변화하지 않는 경우가 대부분입니다. 앙소르는 그런 사회와 사람들을 무섭고 괴기스럽게 표현합니다. 그리고 그림 가운데 당당하게 자신을 표현함으로써 '바뀌어야 한다'고 자신의 의견을 제시합니다. 가면에 둘러싸여 있으면서도 중심을 잃지 않으려는 모습입니다.

이번에는 다른 그림을 볼까요. 노년의 자화상 속 모자는 한결 가벼워졌습니다. 화려하고 무겁던 꽃 장식도 사라졌습니다. 한결 편안한 모습이지요. 심지어 유쾌해 보이기까지 합니다. 주변에 둘러싸인 존

제임스 앙소르
「마스크가 있는 자화상」Self Portrait with Masks(1937)
캔버스에 유채, 31.1×24.4cm
필라델피아 미술관

재가 아니라 이제는 붓으로 사람들을 그리며 즐겁게 작업을 하고 있습니다. 인생을 즐겁게, 편안하게 표현한 모습을 볼 수 있습니다.

> "자기 삶의 배역에 충실하다 보면
> 어느새 단단해진 나를
> 발견하게 됩니다"

많은 분이 나이가 들면 그간의 경험이 선물한 지혜 덕분에 편안하게 잘 살 것이라고 생각합니다. 그러나 노후 역시 만만치 않지요. 빈곤, 외로움, 건강 등 다양한 문제가 우리를 괴롭히기 때문이지요.

제임스 앙소르처럼 젊은 시절 나를 불편하게 하고 힘들게 했던 요인으로부터 벗어나고, 또 이겨내 노년에는 세상을 자유롭고 재미있게 누릴 수 있도록 준비해야겠다는 생각을 해봅니다.

19세기 후반 제임스 앙소르의 작품 대부분은 미술계에서 오랫동안 제대로 인정받지 못했습니다. 그러나 그는 용기를 잃지 않고 끊임없이 자신만의 작품 활동을 이어가 자신만의 색깔로 굳건하게 사람들의 사랑을 받게 되었습니다.

저도 나이가 드니 좋아진 일들이 있습니다. 지금도 바쁘게 일상을 살아가고 있지만 젊었을 때처럼 분주하지 않게 차근차근 하나하나 이루어갑니다. 오히려 더 큰 일들은 마음의 여유를 갖고 할 수 있게 되었습니다. 생각도 더 단단해졌고, 내가 완성되어가고 있고 내 삶이 소중하다는 생각에 감사하고 있습니다. 그러면서도 이걸 왜 지금 깨닫게 되었을까 하는 생각도 듭니다. 인생이 늘 평탄하지만은 않다는 걸 알기 때문입니다.

언제 닥칠지 모르는 위험과 추위에 옷깃을 여미고 단단히 서 있기 위해 준비하게 됩니다. 삶의 무대에는 각자 주어진 역할이 다 있습니다. 그 역할을 충실히 수행하다 보면 어느새 단단해진 나를 발견하게 될 것입니다.

라울 뒤피
「자화상」Self Portrait(1953)
석판화, 37.5×28.3cm
댈러스 미술관

Raoul Dufy

라울 뒤피

삶의 기쁨에 물들 때

야수파의 거장 라울 뒤피Raoul Dufy, 1877-1953는 프랑스 항구 도시 인 르아브르에서 태어나서 평생 바다를 주제로 작품 활동을 합니다. 뒤피는 '바다의 화가'로 불리기도 합니다. 밝은 색채와 자유로움으로 보는 이에게 기쁨을 줄 뿐만 아니라, 근심 걱정을 바닷바람에 날려 보냅니다.

뒤피는 일생 동안 밝고 화사한 색채를 사용했습니다. 그는 자신의 예술에 대해 "나의 눈은 태어날 때부터 추한 것을 지우도록 되어 있 다"라고 말했습니다. 우리도 즐겁고 밝은 것을 보고 생각하면 마음이 환해지고 밝아지는 것을 경험할 수 있습니다. 우울함, 나쁜 감정, 미련을 날려 보내기에 뒤피의 그림은 더없이 좋습니다.

> "인생이라는 큰 축제에
> 뛰어들어 함께 춤추고
> 노래합시다"

트라우마가 치유되면 행복해지냐고 묻는 사람들이 많습니다. 저는 행복해지면 트라우마가 차차 사라진다고 말해줍니다. 그러니 자꾸 행복해지는 연습을 하라고 이야기합니다.

성경에 이런 말씀이 있습니다.

"항상 기뻐하라. 쉬지 말고 기도하라. 범사에 감사하라. 이는 너희를 향하신 하나님의 뜻이니라."

저는 너무 힘들고 절망에 빠질 때 이 말씀을 일부러 되뇌입니다. 그러면 놀랍게도 전화위복이 되기도 하고, 때론 그 상황을 자연스레 받아들이게 됩니다.

뒤피의 그림에는 그런 힘이 있습니다. 지금 내 상황을 환기시킬 수 있는 밝고 경쾌한 힘이 흘러넘칩니다. 삶의 기쁨이 붉은빛, 노란빛, 분홍빛 등으로 물들어 보는 이들에게 전해지는 듯합니다. 그는 축제, 보트 경주 등 사람들이 한데 모여 환호하고 기쁨에 찬 장면들을 많이 그렸지요. 그러한 기쁨이 우리들에게 고스란히 전달됩니다.

저는 장미를 무척 좋아합니다. 특히 탐스럽고 큰 장미를 좋아합니다. 그런데 주변의 많은 이들은 코스모스나 들국화가 좋다고들 합니다. 코스모스나 들국화는 야외에서 바람에 하늘거리는 여성스러운 작은 꽃입니다. 저도 이런 종류의 꽃들을 좋아해보겠다고 노력한 적이 있었습니다. 그러나 아무리 노력해도 장미를 보면 정신을 못 차리고 더 좋아지기까지 했습니다. 결국 제 기질과 취향에는 들국화나 코스모스가 맞지 않는다는 것을 깨달았습니다.

인기 TV 드라마 「연인」에서 남자 주인공이 여자 주인공에게 "요란하고 화려하게 길채답게 살아달라"고 말하며 작별 인사를 건넵니다. 이 말처럼 나는 나답게 살아야 합니다. 주변의 압력과 시선에 너무 억눌리지 마세요.

한때 뒤피는 그림에 여러 시도를 해보았지만 그의 기질과 맞지 않아 자칭 '바캉스의 화가'로 회귀했다고 말했습니다. 뒤피가 '바캉스의 화가'로 회귀를 선언한 후 그의 작품들이 다시 되살아나 전 세계인들에게 환희와 기쁨을 누릴 수 있게 해주었던 것처럼 나답게, 당당하게 살아야 합니다.

여러분은 인생이라는 큰 축제에 뛰어들어 함께 춤추고 노래할 자격이 있습니다. 행복을 누리고 당당하게 지금을 사세요.

귀스타브 카유보트
「이젤 앞의 자화상」Self Portrait with an Easel(1880)
캔버스에 유채, 90×115cm
개인 소장

Gustave Caillebotte

귀스타브 카유보트

우산 같은 사람이 되고 싶어요

19세기 말 파리의 모습을 가장 아름답게 그린 화가는 귀스타브 카유보트Gustave Caillebotte, 1848-94입니다. 카유보트는 최고 교육을 받으며 법학을 공부하고 변호사가 되었습니다. 그러나 미술에 재능이 있었던 카유보트는 1873년 에콜 데 보자르 미술대학에 입학합니다. 그곳에서 르누아르, 모네, 마네, 드가를 만나게 되고 그들을 통해 더욱 미술에 열정을 갖기 시작합니다.

카유보트는 인상파 프랑스 화가이지만 사실적인 그림을 많이 그렸습니다. 도시를 관조하는 멋진 남성의 모습을 보여주기도 하지만 그

귀스타브 카유보트
「파리의 거리, 비 오는 날」Paris Street; Rainy Day(1877)
캔버스에 유채, 212.2×276.2cm
시카고 아트 인스티튜트

내면에는 도시 한가운데 가만히 서서 고민하고 사색하는 깊이 있는 남성의 모습도 함께 보여줍니다. 저는 개인적으로 남성의 심리를 잘 묘사하는 작품으로 카유보트의 그림들을 자주 보여주고 함께 나누는 경우가 많습니다.

"큰 우산을 씌워주는 든든한 사람,
누군가를 지지하고 응원해주는 삶은
얼마나 따뜻할까요"

도시의 변화를 관조하는 남성의 모습에서 치유, 감정 다스리기, 승화의 모습을 볼 수 있을 뿐만 아니라 그 공간을 충분히 활용하고 그곳 공기의 흐름까지 주관하는 힘을 느끼게 됩니다. 또한 카유보트는 새롭게 변모하는 19세기 파리의 광경, 에너지 넘치게 일하는 남성, 거리나 공원을 산책하는 여유로운 남성, 비 오는 거리, 동식물, 여성을 아름답게 표현했습니다.

작품 외에도 카유보트의 중요한 업적 중 하나를 들자면, 그는 인상파 화가들의 든든한 후원자였다는 것입니다. 그는 르누아르, 모네, 드가의 동료이기도 했으며 화가들과 전시회를 후원했습니다. 어떻게 보면 그 덕분에 우리가 인상파 화가들의 그림을 지금까지 볼 수 있었던 건 아닐까요. 인품이 훌륭했으며 겸손하고 관대한 인물이라는 평이 있는데, 에밀 졸라는 카유보트를 두고 '가장 용기 있는 화가'라 평가했습니다.

인상주의 화가들을 지지하고 그들의 작품을 매입해 사후 기증을 하기도 했습니다. 예술계에 남긴 큰 유산이지요. 또한 그는 결혼하지 않았지만 사랑하는 연인 샬롯이 집과 연금을 받고 살 수 있도록 유언장을 남겨놓았어요. 자신의 사랑하는 연인에 대한 배려를 한 것이지요.

카유보트는 「파리의 거리, 비 오는 날」 속의 남자처럼 인상파 화가들에게, 연인에게, 이웃에게 큰 우산을 씌워주는 든든한 사람이었을 것입니다. 그의 자화상을 보면 따뜻하면서도 열정이 넘치고, 깊은 마음의 소유자였다는 것이 느껴집니다. 누군가를 지지해주고 예술가로서 그들의 편에 서서 응원했던 깊은 마음이 전해집니다.

장 마크 나티에
「마리 레슈친스카 초상화」Portrait of Marie Leszczynska (1762)
캔버스에 유채, 195×145cm
바르샤바 국립 미술관

Jean-Marc
Nattier

장 마크 나티에

수수하지만 고귀하고 당당하게

미술치료를 받으러 오는 중년 여성들 중에는 애착관계에서 문제가 발생한 경우가 많습니다. 한 여성은 사회적으로 잘나가는 남편과 잘 성장한 자녀들을 두고 있어서 겉으로는 남부러울 것 없는 삶을 살고 있었지요.

그러나 아이들이 장성하고 더 이상 자녀 교육에 매달릴 수 없게 되자 그녀의 삶은 방향을 잃고 흔들리기 시작했습니다. 종교생활을 해보았지만 그곳에서도 사람들과 부딪치면서 힘들었죠. 쇼핑 중독증이 찾아왔고 급기야 우울증으로 입원하기도 했습니다. 이면을 살펴보면 모두 남편의 동정과 관심을 받기 위한 행동이지요.

애착은 성장기 아이뿐만 아니라 성인에게도 중요합니다. 인생의 시기마다 애착은 적절한 대상에게로 이동합니다. 아이 때는 주로 엄마에게, 다음으로는 이성에게 옮겨갑니다. 적절한 시기에 옮겨가지 못하는 것도 문제이지만 애착관계에서 충분한 만족을 얻지 못할 때도 어려움을 겪지요.

> "공허함을 해소하기 위해
> 긍정적 에너지를 발산할 수 있는
> 자신만의 방법을 찾아야 합니다"

중년이 되면 배우자와의 관계가 처음처럼 끈끈하지 못하므로 남성들은 일에, 여성들은 자녀에게 몰두합니다. 특히 여성들은 자녀가 성장하면 취미생활에 몰두하면서 공허함을 달래는 경우가 많습니다. 이를 해소하기 위해 부부가 함께 노력해야 하지만 그러지 못할 경우 긍정적 에너지를 발산할 수 있는 자신만의 방법을 찾아야 합니다.

앞의 그림은 장 마크 나티에Jean-Marc Nattier, 1685-1766가 그린 프랑스 루이 15세의 왕비 마리 레슈친스카의 1762년 초상화입니다. 유럽에서 가장 부유한 왕과 가장 빈곤한 나라였던 폴란드 공주의 혼인은 세인들의 빈축을 샀고 마리 레슈친스카는 프랑스 궁중에 들어온 이후에도 폴란드인이라는 수군거림을 견뎌내야 했지요.

조용하고 삼냥한 성격이 미리 레슈신스카는 결혼하고 9년 동안은 루이 15세와 금실이 매우 좋았다고 합니다. 그녀는 다산력을 인정받은 폴란드 왕실의 일원답게 매년 한 명꼴로 아이를 낳으면서 상속자를 생산해야 하는 왕비의 소임을 충실히 이행했지요. 그러나 루이 15세는 너무나 헌신적이고 얌전한 아내에게 점차 싫증을 느끼다가 결국 여러 명의 정부를 두게 됩니다.

레슈친스카 왕비가 마지막 아이를 낳고 나서 두 사람은 사실상 별거 상태로 지냈습니다. 이후 왕비는 자신의 처량한 신세에 대해 별 불평도 없이 매일 시녀들과 함께 미사에 참석했고 방에서 그림을 그리거나 자수를 놓고 악기도 연주하며 조용히 시간을 보냈지요. 몇몇 절친한 친구들을 불러 같이 식사하면서 이야기를 나누는 게 유일한 낙이었습니다. 그녀는 정치에 직접적인 영향력을 행사하지 않았기에 궁정의 음모에 연루되지 않고 조용히 살다가 예순다섯 살에 루이 15세보다 6년 먼저 세상을 떠났습니다.

당시 사람들은 이 작품이 왕비의 실제 모습과 대단히 닮았다는 점을 높이 평가하면서도 왕비의 모습을 지나치게 소박하게 그렸다는 점에는 적잖이 충격을 받았습니다. 대례복이 아닌 평범한 차림에 왕비의 신분을 나타내는 장신구가 하나도 보이지 않지요. 그녀가 왕실 사람임을 알려주는 것은 안락의자 등받이에 보일 듯 말 듯 그려진 몇 개의 백합 문양뿐이네요. 복음서를 읽다가 문득 고개를 든 듯한 모습은 그녀의 독실한 신앙심을 드러냅니다. 그녀가 남편 외에 마음을 쏟을 곳은 온전히 그녀의 힘으로 낳은 자녀들 그리고 그 어떤 고독과 외로움도 인내할 수 있게 도와주는 종교뿐이었을 것입니다. 실제로

장 마크 나티에
「프랑스의 왕비 마리 레슈친스카 초상화」
Portrait of Marie Leszczynska, Queen of France (1753)
캔버스에 유채, 53.3×43.2cm
프릭 미술관, 피츠버그

그녀는 그 어떤 왕비보다 유난히 딸에게 마음을 쏟으며 신실한 종교인으로 살았습니다.

부산스러운 궁정을 벗어나 조용한 곳에서 개인적인 시간을 갖고 싶은 마음을 그렇게 표출한 것이지요. 레슈친스카 왕비는 1762년의 초상화를 무척 좋아했다고 합니다. 한 나라의 왕비지만 아무 힘없이 조용히 지내야 하는 모습 대신 수수하고 단정한 차림에도 불구하고 당당하고 고귀해 보이는 귀부인의 모습을 이 그림에서 발견했기 때문일 것입니다. 독립심과 자기 충족감을 중요시하고, 남들이 자신에게 의지하는 가까운 관계를 맺지 않는 것을 편안해하는 게 회피애착형의 대표적인 모습이니까요.

1753년의 초상화를 보면 초기에는 왕실에서 존경을 받지 못했지만 품위를 잃지 않으려고 당당하게 화가를 응시하는 모습이 참 대단하다는 생각이 듭니다. 묵묵히 자신의 일들을 수행하는 모습 또한 자신에 대한 상당한 자부심이 있음을 알 수 있습니다.

렘브란트 하르먼스 판 레인
「사도 바울로서의 자화상」Self Portrait as the Apostle Paul(1661)
캔버스에 유채, 91×77cm
암스테르담 국립 박물관

Rembrandt Harmensz van Rijn

렘브란트 하르먼스 판 레인

여유로움을 잃지 않기

인생의 단계별로 극복해야 할 위기와 발달 과업을 제시한 에릭슨 Erik Homburger Erikson의 심리사회 발달 이론에 따르면, 8단계인 노년 기의 위기와 발달 과업은 절망감과 통합성입니다. 통합성은 인생을 인정하고 받아들임으로써 인생에 대한 통찰과 관조로 자신의 유한 성을 인정하고 죽음까지 수용하는 것을 말합니다. 그렇게 하지 못하 면 인생의 짧음을 탓하면서 무리하게 다른 인생을 시도하다가 결국 절망에 빠지죠.

렘브란트 하르먼스 판 레인Rembrandt Harmensz van Rijn, 1606-69의 자

화상에서 노년기는 특히 주목해볼 만합니다. 렘브란트는 젊은 시절부터 노년에 이르기까지, 가난할 때부터 명성과 부를 누리던 시절까지 100여 점 가까운 자화상을 그렸습니다. 본인의 일대기를 그림으로 남긴 것입니다. 위대한 예술가 렘브란트의 자화상을 통해 우리는 그의 역사를 보고 또 마음으로 읽게 됩니다.

"인생의 연륜이
쌓인다는 것이 꼭 슬프거나
억울한 일은 아닙니다"

화가들마다 즐겨 그리는 주제가 있는데 렘브란트에게는 '나'가 그랬던 것 같습니다. 그는 삶의 여정마다 자화상을 남김으로써 자신을 둘러싼 환경과 경험에 따라 자신이 스스로를 어떻게 인식하는지를 분명히 보여주었지요. 렘브란트의 자화상은 '나'의 드러남과 숨김을 이해하고 나타내는 길이었습니다.

그의 아이 셋은 태어난 지 얼마 안 돼 차례로 죽고 그의 나이 서른 여섯에 아내마저 넷째를 낳다가 목숨을 잃습니다. 그 이후 렘브란트의 인생은 내리막길을 걸었고 말년의 그는 가난에 찌들어 살았지요. 그가 남긴 자화상에는 그런 삶의 굴곡이 고스란히 담겨 있습니다. 그 자화상들에는 경지를 달성해가는 예술가로서의 자부심과 함께 삶의 공허함과 파산 뒤의 가난에 대한 실존적인 고뇌가 보이는 듯합니다.

렘브란트의 가장 유명한 자화상은 스스로를 성서 속의 인물인 사

렘브란트 하르먼스 판 레인
「자화상」Self Portrait(1632)
목판에 유채, 64.4×47.6cm
뷰렐 컬렉션, 글래스고

도 바울로 그린 작품입니다. 15세기부터 화가들 사이에는 성서 속의 인물로 분장한 후 그림을 그리는 것이 유행했습니다. 렘브란트는 그림을 그리며 무슨 생각을 했을까요? 피부는 쭈그러들고 체격은 작아졌으며 옷도 화려하지 않지만 다부지고 또렷한 눈매가 두드러집니다. 명민한 그의 눈은 끊임없이 탐구를 하는 듯하네요. 이제 그는 젊은 날의 모습을 모두 잃고 볼품없는 노인으로 남았습니다.

렘브란트는 사도 바울의 모습을 이미 여러 번 그렸는데, 결국은 자신을 사도 바울로 표현했습니다. 이 「사도 바울로서의 자화상」에는 사도 바울의 삶을 보여주는 두 가지 아이콘이 등장합니다. 하나는 그가 들고 있는 성서입니다. 이것은 사도 바울의 '비타 콘템플라티바' vita contemplativa, 즉 관조적이고 명상적인 삶을 상징합니다. 또 다른 아이콘은 다소 희미하지만 그의 품속에 있는 칼입니다. 이 칼은 '비타 아티바' vita attiva, 즉 역동적인 삶을 상징합니다.

『사도행전』에 따르면 바울은 세 차례에 걸쳐 선교 여행을 했다고 합니다. 그는 무려 2만 킬로미터라는 결코 짧지 않은 거리를 열정적으로 누비고 다녔습니다. 자신을 바울로 그린 이 그림은 바울의 권고를 성실히 수행한 것으로도 볼 수 있습니다. 그는 자신의 내면에서 사도 바울을 발견하고 사도 바울에 자신을 투사한 것으로 보입니다.

저는 다른 사람들보다 결혼도, 출산도, 공부도 빠른 편이었습니다. 게다가 새로운 분야의 공부를 하다 보니 최연소, 최초 등의 수식어가 따라다니는 경우가 많았지요. 연세가 지긋하신 어른들이 대부분인 의대에서 저는 더더욱 어리게 느껴졌고, 누군가 제 나이를 물어보면

늘려서 답하기도 했습니다. 꼭 그래서는 아니지만 저는 나이 듦이 좋았습니다. 나이가 들수록 인생을 알게 되고 성숙해지며 경제력도 생겼기 때문이지요. 젊음을 거쳐서 인생의 연륜이 쌓인다는 것이 꼭 슬프거나 억울한 일은 아니지 않을까요.

렘브란트의 자화상에도 나이 듦의 미학이 드러납니다. 노년의 자화상에서는 젊은 자화상에서 찾아보기 힘든 달관이나 체념이나 고독이 풍겨 나옵니다. 아끼던 모든 것을 잃었기 때문일까요. 이제 젊은 날의 모습은 모두 사라지고 볼품없는 노인으로 남았지만 그의 눈은 아직도 호기심과 즐거움으로 빛나네요. 죽을 때까지 붓을 놓지 않았던 렘브란트. 그림은 그에게 삶의 가장 큰 목적이었음이 틀림없습니다. 아끼던 모든 것을 잃고 난 뒤, 그래도 나에게 남아 있을 마지막 하나가 있다면, 그것은 무엇일까요.

6. Perfection

완벽

타마라 드 렘피카
「녹색 부가티를 탄 타마라」Tamara in the Green Bugatti(1929)
목판에 유채, 35×27cm
개인 소장

Tamara de Lempicka

타마라 드 렘피카

자신감과 당당함

미술 대학에서 화가를 꿈꾸던 시절, 저에게 충격을 준 작품을 여러분께 소개할까 합니다. 지금보다 더 보수적인 사회 분위기 속에서도 자신감이 넘쳐 보이는 얼굴이지요. 현대 화가들 중에서 자신의 모습을 이렇게 아름답게, 모두가 따라 하고 싶다는 욕망을 불러일으킬 정도로 아름답게 그려낸 여성 화가는 없었습니다.

1920년대에 그려진 타마라 드 렘피카Tamara de Lempicka, 1898-1980의 「녹색 부가티를 탄 타마라」는 붉은 입술과 초록색 자동차, 인물의 대담한 자세까지 도시적이고 그래픽적인 단순미로 마치 현대 여성에게 도전장을 던지는 듯합니다. 아니, 제게 도전하는 듯합니다. 당시 우리의 찬반 토론 주제는 여성이 집에 있어야 하느냐, 아니면 사회생활을 해야 하느냐였지요. 결론은 남녀 싸움으로 번지는 경우가 많긴 했지만요.

"나는 차처럼 입었고
차는 나 같았습니다"

저의 어머니는 결혼 후에도 일을 하고 싶어 하셨습니다. 아버지는 어머니가 가정을 잘 돌보길 원하셨지요. 어머니는 제게 항상 말씀하셨습니다.

"너만이 할 수 있는 일로 전문직 여성이 되어라."

본인이 본보기라도 되듯, 어머니는 아버지가 돌아가신 뒤 공부를 계속하셔서 신학 대학원까지 마치셨습니다. 대학을 졸업하고 배우자를 선택할 시기에 제가 가장 중요하게 여겼던 것은 저를 인격체로 대해주고 무엇보다 사회활동을 인정해줄 사람인가였습니다.

제 남편은 꼭 그렇게 해주겠노라고 약속했고, 감사하게도 지금까지 그 약속을 지켜주고 있습니다. 그러나 직업을 갖고 당당하게 서기까지 저는 가정적으로나 사회적으로 많은 고비를 넘겨야 했습니다.

빼어난 미모와 자신감, 미술계의 관습과 전통을 거부할 수 있는 배짱, 어떤 사회적 비난에도 당당히 맞설 수 있는 용기를 가졌던 타마라 드 렘피카는 화려한 그림만큼이나 누부신 삶을 빛났습니다. 그녀는 폴란드의 부유한 귀족 가문에서 태어나 "너는 특별한 존재니까 뭐든 할 수 있을 것"이라는 할머니의 가르침을 들으며 자랐지요. 여자는 무조건 참고 인내해야 했던 그 시대에 그녀가 거침없이 발언하고 에로틱하게 표현할 수 있었던 것은 어려서부터 유복한 환경에서 자신의 특별함을 자각하고 자신감을 터득했기 때문일 것입니다. 그녀의 자부심과 관련된 일화가 있습니다. 당시 미국과 프랑스에서 초상화 주문을 가장 많이 받았던 그녀는 의뢰인이 마음에 들지 않으면 그림을 그리지 않았으며, 인상주의 화가를 향해 그림을 못 그린다고 비판하기도 했습니다.

이렇게 거침없이 표현할 수 있었던 것은 확고한 자아 정체성을 바탕으로 사회적 편견에 맞서며, 자신만의 고유한 화풍을 관철시키려 했던 도전 정신 때문이었을 것입니다.

비슷한 시기에 우리나라에서 그려진 자화상이 있습니다. 1930년 나혜석의 자화상입니다. 렘피카와 나혜석 모두 신여성으로 자부심이 강했습니다. 그런데 왜 한 사람은 사회적으로 멋지다는 평을 받은 반면 또 다른 한 사람은 사회적 질타 속에서 쓸쓸히 죽음을 맞이해야 했을까요. 한 사람은 당대에 높은 평가를 받으며 자신의 직업을 즐긴 반면 다른 한 사람은 자신의 작품 세계를 좀더 활발하게 펼치지 못했을까요. 이 두 사람의 차이가 뭘까요.

저는 둘의 차이를 자신을 잃어버렸는가, 잃어버리지 않았는가로 봅니다. 외교관인 남편 덕분에 유럽의 풍요로움에 심취되었던 나혜석은 서구를 맹목적으로 찬미하며 당시 유럽 사교계의 자유 연애에 빠져들었습니다. 나혜석은 그 세찬 물결에 자신을 내맡겼고 결국 그것이 비극을 낳았지요. 그녀가 유럽의 문화와 미술 등에서 보고 느낀 것을 자신의 작품에 반영하고 다른 작가들과 활발하게 교류했더라면 더 근사한 작가로서의 모습과 함께 더욱 멋진 작품을 보여주지 않았을까요. 물론 렘피카의 도전 정신이 당대에 모두로부터 이해받은 것은 아니었지만요.

앞의 그림은 「녹색 부가티를 탄 타마라」라는 제목으로 더 유명한 렘피카의 자화상입니다. 이 자화상은 독일의 여성 잡지 『디 다메』*Die Dame*의 표지로 그린 작품으로 도도한 자태와 무심하고 고혹적인 눈빛이 인상적이지요. 붉은 립스틱을 진하게 바르고 운전대를 잡은 여인은 삶의 주체로서 어디든 자신이 원하는 곳으로 달려나갈 준비가 된 것 같습니다. 헬멧, 실크 스카프, 목이 긴 장갑으로 한껏 치장하고 부가티 운전석에 앉아 감상자를 응시하는 그 모습이 너무도 당당하고 자신감에 차 있습니다.

기본적으로 화가는 자화상을 그릴 때 자신이 바라는 이미지를 연출하는 경우가 많습니다. 렘피카 역시 자신의 이미지 연출에 주력하는 사람이었습니다. 그녀와 가까이 지냈던 장 콕토는 렘피카에 대해 "예술만큼 명성을 사랑했다"고 평했을 정도이지요. 이와 관련해서 렘피카의 「녹색 부가티를 탄 타마라」에도 유명한 일화가 있습니다. 사실 렘피카의 자동차는 초록색 부가티가 아니라 노란색과 검은색의 작은 르노였다고 합니다. 렘피카는 자신의 차에 대해 이렇게 회상하지요.

"그것을 운전할 때마다 나는 똑같이 노란색의 풀오버를 입었고 항상 검은 스커트에 모자를 썼습니다. 나는 차처럼 입었고 차는 나 같았습니다."

이처럼 렘피카의 자기 연출은 공공연한 것이었고 「녹색 부가티를 탄 타마라」의 또 다른 영어 제목인 「자화상」Autoportrait에서도 렘피카가 자신과 자동차를 동일시했음을 엿볼 수 있습니다.

그 당시 여자가 오너드라이버가 된다는 것은 아주 드문 일이었을 것입니다. 또한 부가티는 스포츠카의 전설로 불리는 프랑스산 최고급 자동차입니다. 그녀는 자화상에 부가티를 상징적으로 그려 넣음으로써 자신의 명성에 대한 프라이드, 주체적으로 살아가는 여자로서의 자신감과 당당함을 표출했습니다.

1920년대와 1930년대에 그녀가 제작한 초상화 작품은 대부분 여성의 초상화로서 당시까지 요구되던 전통적인 여성상을 파괴하고 있습니다. 렘피카의 작품에 등장하는 여성들은 자동차를 운전하거나 야외 스포츠등산를 즐기면서 남성이 전유하던 영역을 침범합니다. 또한 「라살 공작 부인의 초상화」 등에서 여성에게 단순히 예쁜 드레스가 아니라 남성 정장을 입힘으로써 남성과 여성의 동등함을 주장했습니다.

라이오넬 파이닝어
「하얀 남자」The White Man (1907)
캔버스에 유채, 68.3×52.3cm
티센보르미네사 미술관, 마드리드

Lyonel Feininger

라이오넬 파이닝어

어떤 고난에도 무너지지 않는 힘

라이오넬 파이닝어Lyonel Feininger, 1871-1956는 독일인 부모 밑에서 미국에서 태어났고, 세계 여러 지역을 여행하며 자신만의 화풍을 이어갔습니다. 1906년부터 1908년까지 파리에서 지내면서 폴 세잔과 앙리 드 툴루즈 로트레크의 영향을 받았습니다. 1932년 바우하우스에서 교수로 근무하기도 했어요.

파이닝어는 1924년 알렉세이 폰 야블렌스키, 바실리 칸딘스키, 파울 클레와 함께 '청색 4인조'를 결성했습니다. 그는 나치 정권이 그의 작품을 퇴폐적이라고 모욕하자 1937년 미국으로 귀국했습니다. 그

라이오넬 파이닝어

「자화상」Self Portrait (1915)

캔버스에 유채, 100.3×80cm

휴스턴 미술관

후 그는 미국식 추상 표현주의 시대를 열었으며 자신의 수채화 양식을 '프리즈마이스무스'prismismus 또는 '크리스털 입체주의'라고 명명하기까지 했습니다. 빛이 교차하면서 형상이 이루어지고 표현주의와 입체주의가 연결된 독특한 그림 화풍을 만들어냈고 많은 사람의 관심을 받았습니다.

"때론 우리의 환경이
나를 더 강하게 만듭니다"

제가 독일 베를린에서 미술치료 연수를 받던 시절 병원 창가에서 흘러나온 스테인드글라스 불빛에 매료되었던 강렬한 기억이 있습니다. 아침 햇살에도 예뻤고, 오후에는 빛이 은은하게 비춰내리며 저의 하루를 충만히 채워주었습니다. 스페인의 사그라다 파밀리아 성당 스테인드글라스를 보았을 때도 그러했습니다. 그곳이 마치 천상과 인간을 이어주는 통로처럼 느껴졌습니다.

라이오넬 파이닝어의 작품을 처음 보았을 때 빛의 절제감을 통해 당시 스페인에서 느꼈던 스테인드글라스의 빛을 경험했습니다. 파이닝어는 "그림이란 황홀감을 주어야 하며, 이야기를 묘사함에 있어 멈춤이 없어야 한다"고 말했습니다. 음악·미술·사진에 다재다능했던 파이닝어는 건물에 숨을 쉬는 생명력을 불어넣는 그림을 그렸습니다.

우리의 인생은 때론 힘든 시기에 새로운 방향이 열리기도 합니다. 그 순간은 잘 모르고 힘들지만 시간이 지나고 나서야 하나의 전환점

라이오넬 파이닝어
「다리 위에서」On the Bridge(1913)
캔버스에 유채, 61×63cm
개인 소장

이 되는 시기였음을 깨닫게 되는 경우가 있습니다.

라이오넬 파이닝어의 자화상에는 그의 강인함이 느껴집니다. 어떤 고난이 있어도 자신을 무너뜨리지 못할 거라는 자신감도 느껴지지요. 그 힘이 고스란히 전해집니다. 그리고 "그간 잘해왔어, 앞으로도 잘될 거야"라고 말하는 듯합니다.

왼쪽 그림을 보세요. 두 사람이 다리를 건너고 있습니다. 주변의 집도 풍경도 불안해 보이지만 이 불안이 두 사람을 움직이게 만들기도 합니다. 특히 앞에 서 있는 사람은 더 활동적으로 보입니다.

때론 우리의 환경이 나를 더 강하게 만들기도 합니다. 그리고 움직이게 만들기도 합니다. 많은 사람은 시간이 흐른 뒤 그때가 운명 같았다고 합니다. 저 역시 어떤 경우는 "그때 어떻게 그렇게 할 수 있었을까? 어디서 그런 용기가 생겼지?"라고 생각하게 됩니다. 그러나 중요한 건 그때 그 상황에 가만히 앉아 있지 않고 바로 최선을 다해 움직였다는 것입니다.

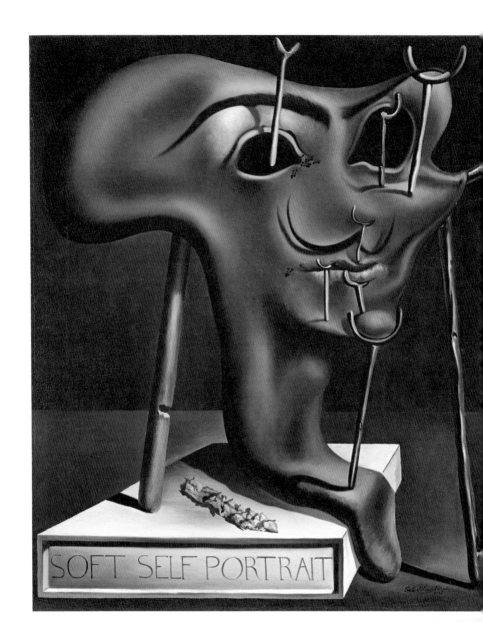

살바도르 달리
「구운 베이컨과 부드러운 자화상」Soft Self Portrait with Fried Bacon (1941)
캔버스에 유채, 61.3×50.8cm
달리 극장미술관, 피게레스

Salvador Dali

살바도르 달리

초현실주의의 세계로

천재와 괴짜가 같은 의미로 쓰이는 경우가 많이 있지요. 미술계에도 엄청난 괴짜가 있으니, 살바도르 달리Salvador Dali, 1904-89가 그 주인공입니다. 학창 시절 수업 시간에 질문을 받으면 기절 연기를 펼칠 정도로 수줍음 많았던 소년이 어떻게 세계적으로 유명한 초현실주의 작가가 될 수 있었을까요.

살바도르 달리는 앤디 워홀과 비슷하게 창의성이 뛰어나서 아이디어가 넘쳤습니다. 그래서 그는 손대는 일마다 히트를 쳤습니다. 영화와 드라마 제작, 발레 의상 등의 분야에서도 재능을 발휘했죠.

살바도르 달리는 1904년 스페인 카탈루냐 북부의 작은 마을에서 공증인의 아들로 태어났습니다. 그의 아버지는 예술에 대해 깊은 관심을 가졌지요. 그러나 달리는 자신이 태어나기 9개월 전에 죽은 형의 이름을 그대로 물려받은 것을 비롯해 자신에게서 죽은 형의 모습을 찾으려는 아버지에게 반항했습니다. 그의 부모는 큰아들의 죽음 때문에 달리에게 더욱더 아낌없는 사랑을 쏟아부었고 이는 달리의 자기중심적인 성향에 영향을 주었을 것입니다.

"나는 초현실주의 그 자체입니다"

그는 죽은 형의 환상과 자신을 동일시하여 어릴 때부터 죽음에 익숙했는데, 이는 그의 작품에 많은 영감을 주었습니다. 달리의 어머니는 "너의 형은 십자가의 그리스도에게 돌아갔다"고 달리에게 주입해 어린 달리는 혼란에 빠져들었지요. 후일 그는 "나는 결코 형이 아니며 살아 있는 동생이라는 것을 항상 증명하고 싶었다"고 말했습니다. 달리가 엄격한 왕립 미술학교에서 머리를 어깨까지 늘어뜨리고, 구레나룻을 기르고, 바닥까지 끌리는 망토에 금색 지팡이를 들고 다니는 괴짜로 성장한 것은 결코 우연이 아니겠지요.

달리의 자화상을 보면 그의 그림이 어떻게 변해가는지 알 수 있습니다. 그림 속의 신비로운 모습은 라파엘로에 동화된 상징주의 형상화할 수 없는 초자연적인 세계·내면·관념 등을 상징·우의·표징 등이 습법으로 이미기를 통해 전달적 느낌을 줍니다. 이 작품은 달리의 특별한 성격인 깊은 에고이즘egoism, 자신의 이익만을 꾀하고 사회 일반의 이익은 염두에 두지 않는 태도을 잘 보여주고 있습니다. 몇 년 후 이런 성격은 그의 편집광적인 표현으로 강하게 드러나지요.

살바도르 달리는 20세기의 가장 특이하고 괴이한 화가로서 그의 작품 속에는 현대의 작품들에서 느낄 수 있는 인간의 회의, 압도적인 무의식 등이 내재되어 있습니다. 즉 그의 작품은 통속적 경험과 상식으로는 감지하기 어려운 기묘한 것들로 이루어져 나름의 독자적인 초현실의 세계를 전개하고 있지요. 초현실주의 그룹의 주창자인 앙드레 브르통과의 불화로 제명당하자, 달리는 "나는 초현실주의 그 자체다. 아무도 나를 쫓아내지 못한다"라고도 말했지요. 그만큼 자신의 예술에 대해 확신에 차 있었죠.

자기 자신을 입증하려는 것에서 시작된 그의 초현실주의적 경향은 현대인이 지닌 갖가지 고민, 불안, 모순, 공포, 절망 등을 숨김없이 표현하고 있습니다. 달리는 철저한 자기 본위의 독특한 화가지만 그의 작품은 지금의 우리에게 색다른 도전으로 신선하게 다가옵니다.

알폰스 무하

「자화상」Self Portrait(1899)
목판에 유채, 32×21cm
무하 미술관, 프라하

Alphons Mucha

알폰스 무하

아름답고도 간절한 염원

알폰스 무하Alphons Mucha, 1860-1939는 체코의 화가이며 장식 미술가입니다. 아르누보 대표 작가이기도 합니다. 또한 알폰스 무하는 실용미술을 순수미술로 이끌어낸 개척자이기도 합니다. 그래픽 작업과 장식품 등에 활용된 무하 스타일은 유럽과 미국에서 선풍적인 인기를 끌기도 했지요.

알폰스 무하는 가난한 집에서 태어났습니다. 그의 천재적인 재능을 미리 알아본 후원자 덕분에 미술공부를 시작할 수 있었지요. 다른 화가들과는 달리 조금 늦은 20대에 들어서야 제대로 된 미술교육을

알폰스 무하

「백일몽」Rêverie(1897)

석판화, 72.7×55.2cm

리우데자네이루 브라질 중앙은행 문화센터

받을 수 있었습니다.

무하는 사랑하는 가족들의 생계를 책임지기 위해 일러스트를 그리기 시작해 일약 성공하게 됩니다. 그리고 여유 있는 생활을 누리게 되었습니다. 하지만 그가 정말 하고 싶었던 것은 역사화를 그리는 일이었어요. 여기에 무하의 위대함이 또 있습니다. 무하는 예술을 통해 사람들과 소통이 가능하다고 믿었습니다. 예술의 힘으로 슬라브 민족과 전 인류에 대한 사랑을 표현하고 싶었습니다. 조국을 위해 역사화를 그리는 데 자신의 인생 후반을 쏟아붓기도 했지요.

무하는 조국을 사랑하는 마음을 「슬라브 서사시」라는 작품에 담아 냈습니다. 남은 삶에서도 슬라브인의 정체성, 가족, 조국과 고향을 위한 강한 애정을 표현했지요.

무하의 작품 속 여성들은 세속적 기쁨을 표현한 그림 외에도 민족적 여신으로 승화한 모습으로까지 다양하게 표현되었습니다. 놀랍게도 1918년 제1차 세계대전이 끝나고 조국 체코슬로바키아가 건국되어 무하의 꿈은 현실이 되었습니다. 무하가 그렇게 바랐던 슬라브 민족의 통합이 이루어지자 그의 관심은 더 큰 인류애로 나타나기 시작했습니다.

무하는 아름답고도 간절한 염원을 작품에 담았습니다. 그의 작품은 평화를 기도한 산물이기도 합니다. 그저 아름다운 여성만을 표현한 것이라 여겨졌던 무하의 그림 속 여신들은 평화의 여신이었던 것입니다. 비록 1939년 나치 독일에 의해 조국 체코슬로바키아가 해체되고, 그는 체포되어 안타까운 생을 마무리했지만, 무하의 그림과 그만

알쏜스 무하

「슬라브 서사시 20: 슬라브 찬가, 인류를 위한 슬라브」
The Slav Epic No.20: Apotheosis, Slavs for Humanity(1926)

캔버스에 템페라, 480×405cm
프라하 국립 미술관

의 스타일은 지금도 사랑받고 있습니다.

"예술은 우리를 소통하게 하는
만국 공통어입니다"

저는 여러 나라 곳곳을 미술을 통해 사람들을 치유하러 다닙니다. 그들의 언어도 다르고 문화도 다릅니다. 그러나 예술은 우리를 소통하게 하는 만국 공통어입니다. 의술과 예술은 국경을 초월합니다. 미술은 인술을 펴는 가장 효율적인 도구라 할 수 있습니다. 미술은 마음을 표현하고 염원을 담고 많은 이와 소통하게 만듭니다. 무하의 자화상에서도 그 예술의 힘이 느껴집니다. 또한 굳게 다문 입술, 정면을 응시한 강렬한 눈빛에서 파리의 보헤미안, 코스모폴리탄, 애국자, 철학적인 예술가로서의 결연한 의지도 엿볼 수 있습니다. 무엇인가에 자신을 온전히 쏟아붓는 열정이 그를 지금까지도 사랑받는 예술가로 만든 건 아닐까요.

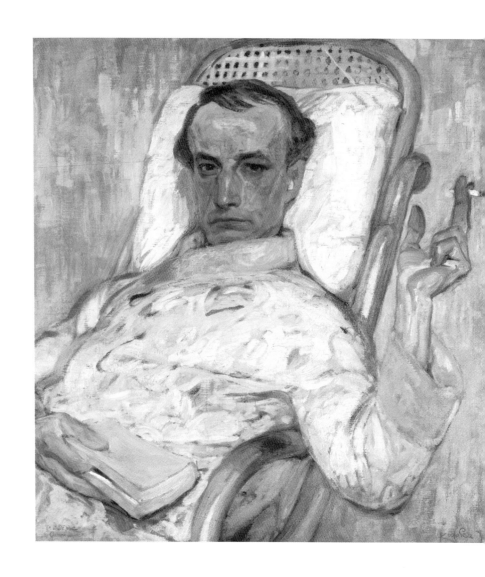

프란티셰크 쿠프카

「옐로 스케일」The Yellow Scale(1907)

캔버스에 유채, 78.7×74.3cm

휴스턴 미술관

František Kupka

프란티셰크 쿠프카

노란색은 자신감입니다

어느 최면술사나 연금술사를 그린 것이 아닐까 하는 생각이 드는 그림입니다. 노란색, 아니 금색에 가까운 밝은 노란색이 주조를 이루고 있는 전반적인 그림 톤에 주인공의 표정에서는 자신감이 느껴집니다. 금색은 태양, 신의 힘, 광명의 빛, 불사, 창조 이전 빛으로서의 신, 최고 가치, 생명의 질료, 불, 반짝거림, 영광, 지속, 남성성을 나타냅니다. 게다가 그의 손에 들려 있는 것이 담배와 책 그것도 금색 표지라니, 자신을 나타내는 것은 총동원한 것 같군요.

강렬한 색깔뿐만 아니라 정면을 응시하며 비스듬히 누워 있는 모습에 감상자는 위축됩니다. 누군가 나를 뚫어져라 쳐다보면 시선을 다른 곳으로 슬그머니 돌리는 심리처럼 말이죠. 대체 무엇이 이토록 거만한 자화상을 가능하게 했을까요.

> "보이지 않는 것은
> 감각을 통해서
> 드러낼 수 있습니다"

한 가지 색상을 중심으로 자화상을 그린 화가는 프란티셰크 쿠프카František Kupka, 1871-1957가 처음이었습니다. 그것도 노란색으로 말이죠. 노란색을 많이 사용한 고흐도 노란색 선호도가 높다는 정도지, 쿠프카처럼 화면 전체를 노란색으로 채우지는 않았습니다. 사실 미술치료에서 특정 색을 계속 사용한다는 것은 그 사람의 삶이 균형을 이루지 못하고 있음을 의미합니다.

노란색은 태양과 가장 가까운 색으로 화사하고 쾌활하며 편견이 없습니다. 이 색을 쓰는 사람은 긍정적이고 도량이 넓지만 정도가 지나치면 파괴적이고 기만에 능하며 지배욕, 아첨, 비관주의가 깊은 것으로도 해석됩니다.

빨간색은 사교적이고 건설적인 사람들이 즐겨 사용합니다. 주황색을 쓰는 사람도 열정과 활기가 있는 것으로 봅니다. 하지만 빨간색과 마찬가지로 주황색 역시 거만함, 과시 성향, 우울증을 내포한 색깔이지요.

파란색을 즐겨 쓰는 사람은 영혼의 더 깊은 영역으로 침잠해 들어가며, 가장 고상하게 나타나는 특질은 열망입니다. 파란색을 즐겨 쓰는 사람의 경우 감상, 비현실성, 게으름 등이 우울 증세로 발전할 수 있습니다.

추상미술과 오르피즘Orphism의 선구자로 알려진 쿠프카는 유럽에서 최초로 추상적 색채와 형태 속에 내재된 정신적 상징주의를 탐구하고 이를 과감히 작품에 사용했을 뿐 아니라 음악에서 유추한 시각 예술을 재현한 최초의 예술가입니다. 어린 시절 영매 능력을 보였던 쿠프카는 자연히 신지학神智學에 관심을 쏟게 되었으며, 이런 신비주의적 경향은 다수의 작품으로 나타났지요. 신지학은 오늘날에는 병적인 이성주의로 여겨지지만 당시에는 가장 지성적인 신비주의였습니다.

쿠프카는 젊은 나이에 파리로 갔지만 보헤미안적 기질, 신비주의 그리고 별난 성격 때문에 아방가르드 집단과 거리를 두며, 1910년부터 예술적 실험을 시작했습니다. 당시 쿠프카는 4차원으로 가는 길을 연구하고 사후세계를 믿었지요. 색에 대한 자신감이 넘쳤던 쿠프카는 색으로 음악을 연주할 수 있다고 호언장담했고요.

헌신적인 신비주의자였던 쿠프카는 초월적인 다른 실존 혹은 4차원을 찾기 위해 삶을 바쳤습니다. 최초의 비구상 화가 중 한 명이었던 그는 인체와 자연의 형이상학적인 탐구를 대담한 색채와 추상적인 형태에 접합했습니다. 철학, 종교 그리고 과학의 통합인 신지학은 쿠프카의 전체론적인 접근을 미술로 이끌었지요.

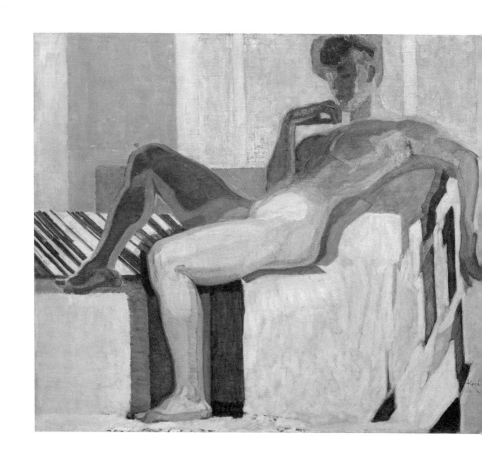

프란티셰크 쿠프카
「색채의 평면들, 거대한 누드」Planes of Colors, Great Nude(1909)
캔버스에 유채, 150.2×180.7cm
구겐하임 미술관, 뉴욕

20세기 초에 발명된 방사선 촬영술은 특히 쿠프카에게 의미가 깊었습니다. 회화적인 엑스선 영상을 통한 대안적인 차원에 대한 탐구는 그의 기념비적인 그림 「색채의 평면들, 거대한 누드」에 표현되었습니다. 이 그림에서 그는 여인의 '내부 형태'를 색조의 단면들로 나누는, 혁신적인 입체적 표현 기법으로 아내 유제니를 그렸지요.

쿠프카는 아내에 대한 내적인 인상을 색채로 표현했습니다. 머리와 오른쪽 신체는 강렬한 느낌의 색채를 사용했습니다. 반면 왼쪽 신체는 늘어진 손을 비롯해서 편안한 느낌을 주는 밝은색으로 표현했습니다.

이렇게 보이지 않는 것을 드러내는 것이 쿠프카에게는 매우 중요했습니다. 그는 초감각적이고 형이상학적인 차원에 도달해서 존재 밑에 놓인 보편적 체계를 직관적으로 이해하는 것은 오로지 감각을 통해서, 물리적인 경험을 통해서만 가능하다고 믿었기 때문입니다.

쿠프카는 "예술가는 자신의 내부에서 일어나는 모든 변화와 상태를 표현하고, 모든 추상적인 것들을 묘사할 수단을 추구하고 발견해야 한다"고 말했습니다. 또한 자신을 '색채 교향악가'라고 부르기도 했습니다. 선의 리듬과 색채의 구성을 통해 그림을 음악처럼 나타낼 수 있다고 생각했기 때문이죠.

엘리자베트 루이즈 비제 르브룅
「자화상」Self Portrait(1790)
캔버스에 유채, 100×81cm
우피치 미술관, 피렌체

Élisabeth Louise Vigée Lebrun

엘리자베트 루이즈 비제 르브룅

슬프지만 사랑해

심리학 교수가 내게 가정생활이 어떠냐고 질문한 적이 있습니다. 그 질문의 이유가 궁금해 물어보았지요. 그러자 가정생활이 원만하지 못한 여자들이 공부를 하는 경우가 아직도 많다는 대답이 돌아왔습니다.

공부를 하느라 가정생활이 원만하지 못한 것인지, 가정생활이 원만하지 못해 공부를 하는 것인지는 모르겠지만 여자가 어느 정도 사회적인 위치에 올라가기 위해 넘어야 할 난관 중에 가정이라는 것이 가장 높고 험난하다는 이야기일 것입니다. 여성이 원만한 가정을 꾸

려가는 동시에 일에서 성취감, 만족감, 기쁨을 얻기 위해서는 투쟁에 가까운 자기와의 싸움을 거쳐야 하지요. 저는 일과 가정의 균형을 맞추기 위해 노력하고 있습니다.

"자신의 재능을 최대한 사용해
성공적인 인생을 향유하세요"

엘리자베트 루이즈 비제 르브룅Élisabeth Louise Vigée Lebrun, 1755-1842 은 여성 화가가 없던 당시에 어떤 남성 화가보다도 성공했습니다. 타고난 재능과 적응력 그리고 특유의 친화력은 르브룅이 성공할 여건이 되어주었지요. 남모르는 아픔을 견뎌낸 그녀에게는 프랑스 혁명조차도 남편의 그늘에서 벗어나 화가로서 더욱 성공할 기회가 되어주었습니다. 위기조차 기회로 만들어버린 것입니다. 인생의 기회는 환경도 변화시킵니다. 물론 준비된 자에 국한된 이야기지만요.

궁정 화가인 르브룅의 작품은 우아함과 기품을 발산합니다. 또한 여자라면 누구나 꿈꾸는 아름다움이 느껴집니다. 그녀는 초상화를 그려주면서 내적으로 힘들었던 모델들의 삶을 이해하고 공감했기 때문에 더욱 많은 사람이 그녀를 찾았고, 남성 위주의 사회 분위기에서 자신의 능력을 마음껏 발휘할 수 있었습니다.

앞의 자화상에는 한 손 가득 붓과 팔레트를 들고 작업 중인 그녀의 모습이 담겨 있습니다. 당시 35세였던 그녀는 자신을 순수한 소녀로 이상화해서 그려냈지요.

검은색 원피스에 하얀 소매와 가녀린 목선, 가지런하고 우아한 머리 장식, 빨간 허리 매듭은 검정, 하양, 빨강의 심플하고 선명한 색의 조합으로 단정하고 깔끔하면서도 우아한 분위기를 풍깁니다. 이런 색의 사용은 얼굴을 더욱 강조하는 효과가 있는데, 원피스의 검정 바탕 위에 하얀 칼라와 머리 장식이 색의 대비를 이루어 조명 효과와 함께 얼굴로 시선을 잡아끕니다. 이런 효과로 얼굴은 특별히 웃는 표정을 짓지 않는데도 환하게 미소를 짓는 것처럼 보이지요. 이렇게 작품에서 가장 주목받도록 연출된 얼굴도 '소녀'처럼 표현함으로써 르브룅은 자신의 젊은 시절 모습을 '아름답고 순수하게' 그려냈습니다.

이 작품에서 두 번째로 강조되고 있는 것은 르브룅의 손입니다. 어두운 바탕에 새하얗게 표현된 그녀의 손 역시 명암 대비로 강조되고 있네요. 그림을 그리는 손이 강조된 것은 자신이 지닌 천부적인 재능에 대한 애정의 표현으로 해석할 수 있습니다.

교통사고로 손에 붕대를 감은 아이가 있었습니다. 아이는 자신의 모습 중 붕대를 둥글게 만 손을 유독 강조해서 그렸지요. 성폭력을 당한 이의 경우 성기 주변을 무의식적으로 강조해서 그리기도 합니다. 이렇게 사람들은 특정 신체 부위를 강조해서 그리는 것으로 자신의 심리 상태를 무의식적으로 드러냅니다.

르브룅이 자신의 손을 가장 강조한 것은 손에 대한 자신감 때문입니다. 그녀는 손에 대한 칭찬, 즉 재능에 대한 칭찬을 어릴 때부터 들었을 것이고 자랑스럽게 여겼을 것입니다.

엘리자베트 루이즈 비제 르브룅
「딸 쥘리와 함께 있는 자화상」Self Portrait with Her Daughter, Julie(1787)
캔버스에 유채, 130×94cm
루브르 박물관, 파리

그녀의 어린 시절을 잠시 살펴봅시다. 그녀는 어린 시절을 회상하면서 자신이 그렇게 아름답지 않았다고 말합니다. 그녀가 이렇게 회상하는 이유는 어린 시절의 삶에서 기인합니다.

그녀는 열두 살 때 아버지를 여의었습니다. 르브룅은 자신을 아껴주고 지지해주는 아버지가 돌아가신 후 아주 힘들어했고, 재혼한 엄격한 어머니 밑에서 기댈 곳 없이 자랐습니다. 결혼도 자신의 마음과는 상관없이 어머니를 기쁘게 하기 위해 했고 남편도 좋은 사람이 아니었습니다.

르브룅의 수입을 탐내던 남편은 그녀가 벌어들인 돈을 전부 자신의 소유로 등록하는 욕심을 보였고 바람기와 도박벽도 있었다고 하지요. 이렇게 가족에게 따뜻한 대접을 받지 못하면서 르브룅의 자존감은 떨어지고 우울감은 깊어졌을 것입니다.

그런 르브룅에게 기쁨이고 희망이었던 것은 두 가지입니다. 바로 자신의 딸과 미술적 재능입니다. 르브룅에게 딸 쥘리는 너무나 소중한 존재였습니다. 프랑스 혁명이 일어나자 르브룅은 딸 쥘리와 함께 프랑스에서 도망쳐 이탈리아·헝가리·러시아 등을 다니며 활동했는데 가는 곳마다 성공을 거두었습니다.

미술적 재능은 마리 앙투아네트를 그리고 있는 오른손을 통해 상징되고 있습니다. 미술적 재능 그리고 그 재능을 세상에 드러내는 수단인 '손' 덕분에 르브룅은 궁정 문화에 편입될 수 있었고 마리 앙투아네트의 사랑을 받을 수 있었지요. 따라서 1790년의 자화상에서 얼굴뿐 아니라 손도 강조된 것은 의식적이든 무의식적이든 르브룅의 정체성 표현이라고 할 수 있습니다.

또한 주목할 만한 것은 르브룅이 입을 살짝 벌리고 있다는 것입니다. 입을 살짝 벌리고 있는 모습은 소녀답고 순수한 이미지를 보여주네요. 이런 이미지 덕분에 그림을 그리는 르브룅의 모습이 행복해 보입니다. 미술적 재능으로 사랑받고 마음껏 활동할 수 있었고 억압적인 삶에서도 탈출할 수 있었던 기쁨이 알게 모르게 표현되어 있는 것이지요. 하지만 르브룅에게 상처로 남은 어린 시절과 젊은 시절의 경험들은 그녀의 사회적 성공과 맞물려 내적인 괴리감을 느끼게 했을 것입니다.

이런 감정은 그녀의 초상화 안에서 왜곡 방어기제로 나타납니다. 여러 방어기제 중 왜곡은 내적인 욕구를 충족시키기 위해 외부 현실을 재형성하는 것으로, 르브룅은 사회적인 성공을 거두었어도 내적인 욕구를 충족시키지는 못했을 것입니다. 그녀는 충족되지 못한 욕구를 충족시키기 위해 현실의 자신을 조금 왜곡해서 좀더 매력적이고 당당하고 젊은 아가씨로 이상화해서 그렸을 것입니다.

한편 앞쪽 그림 「딸 쥘리와 함께 있는 자화상」에는 따스한 친밀성, 에로틱한 매력, 모성애가 진하게 드러나 있습니다. 다소 풍만하고 부드럽게 그려진 르브룅의 모습이 인상적이네요. 이 작품에서 르브룅의 어깨가 드러난 것으로 보아 그녀가 방금 딸에게 젖을 먹인 것은 아닌가 하는 상상을 불러일으킵니다. 딸이 젖을 먹을 나이가 아닌데도 말이죠.

거기에 더해 딸과 따뜻하게 포옹하고 있는 모습은 작품 전체에 흐

엘리자베트 루이즈 비제 르브룅
「비제 르브룅과 그녀의 딸」Madame Vigée Lebrun and Her Daughter(1789)
목판에 유채, 105×84cm
루브르 박물관, 파리

르는 부드러운 색채감과 함께 진한 모성애를 느끼게 합니다. 이 작품에서 르브룅의 빨간 머리띠와 허리 매듭은 첫 번째 작품의 하얀 칼라와 머리 장식처럼 그 사이 공간을 강조함으로써 두 모녀의 얼굴로 시선을 잡아둡니다.

두 모녀의 얼굴에 함께 동그라미를 쳐보면 알 수 있듯이 이 작품은 첫 번째 작품과 달리 두 모녀의 얼굴이 함께 강조되어 있습니다. 그런데 르브룅의 눈이 어딘가 슬퍼 보이네요. 슬픔에 잠겨서도 사랑하는 딸을 꼭 안고 있는 모습은 앞서 기술한 르브룅의 삶에 비추어볼 때 내적으로 힘들었던 자신의 삶에서 딸을 통해 위안을 찾고 있음을 드러내는 것입니다.

「비제 르브룅과 그녀의 딸」에서는 왠지 성스럽고 '우아한' 모성애를 느낄 수 있습니다. 우선 입고 있는 옷이 더욱 부드럽고 매끄러우며 고급스러움을 알 수 있고 소파도 고급스러운 색감과 무늬를 보여줍니다.

화려한 헤어스타일, 하얀 머리띠와 옷으로 강조되는 세로 라인, 딸과 맞추어 살짝 옆으로 기울인 고개, 미소 지으며 살짝 닫은 입술, 그로 인해 우아해 보이는 얼굴, 아이를 무릎에 올려놓고 꼭 안음으로써 두 번째 작품과는 다르게 서로 안기는 것이 아니라 아이만 안겨 있다는 점 등이 마치 성모 마리아와 같은 성스럽고 우아한 분위기를 형성하면서 르브룅이 성장했음을 보여줍니다. 그녀가 내면의 결핍에서 벗어나 어엿한 어머니로 자랐음을 볼 수 있습니다. 즉 '여성'에서 '어머니'가 된 것입니다. 두 번째 그림에서 보이던 살짝 슬픈 표정을 세 번째 그림에서는 더 이상 찾아볼 수 없습니다.

르브룅은 여든일곱 살까지 살면서 660여 장의 초상화를 남겼습니다. 그녀는 자신의 재능을 최대한 사용하여 삶을 성공적으로 이끌었던 여성이었습니다.

산치오 라파엘로

「자화상」 Self Portrait (1506)
목판에 템페라, 47.5×33cm
팔라티나 미술관, 피렌체

Sanzio
Raffaello

산치오 라파엘로

아름답고 자신감 넘치는 당당한 매력

탐스러운 금발과 초록빛 눈, 신비로운 표정을 가진 두 남성은 같은 인물일까요.

산치오 라파엘로Sanzio Raffaello, 1483-1520의 최고 걸작으로 손꼽히는 뒤쪽의 작품은 라파엘로가 1514년경에 그린 피렌체의 젊은 은행가 빈도 알토비티의 초상화이고 왼쪽 작품은 라파엘로 본인의 자화상입니다. 라파엘로 전기에 따르면 빈도 알토비티는 당시 부와 권력을 거머쥔 피렌체 상류층이었습니다. 라파엘로는 자신이 상상할 수 있는 범위에서 가장 부드럽고 아름다우며 당당하고 자신감 넘치는 매

산치오 라파엘로
「빈도 알토비티 초상화」Portrait of Bindo Altoviti(1514)
목판에 유채, 59.7×43.8cm
워싱턴 D.C. 국립 미술관

력적인 청년을 그렸지요. 그리고 이 작품을 자신의 최고 걸작 중의 하나로 아꼈다고 합니다.

놀라운 점은 분명히 다른 인물의 이미지인데도 어떻게 이렇게 비슷하게 구현되었느냐는 것이지요. 이는 라파엘로 스스로 생각하는 자신의 모습 또는 다른 사람들에게 보이고 싶은 자신의 모습이 그대로 투사되었기 때문입니다. 자의식이 강한 예술가가 아니라도 인물화를 그리다 보면 자신과 비슷한 점들을 그림에 투사합니다. 그림을 감상할 때도 마찬가지입니다. 사람들이 성화를 보면서 예수의 품에 안긴 양을 자신이라고 생각하며 평화를 느끼는 것처럼 말이죠.

이와 같은 '동일시'는 자아와 초자아의 건강한 성장을 결정짓는 중요한 심리 메커니즘입니다. 예를 들면, 충동적인 감정이 들었을 때는 이를 부정하는 대신에 그 충동을 지닌 누군가와 자신을 동일시하는 것입니다. 프로이트가 주장한 오이디푸스 갈등기에 유아는 동성의 부모를 자신과 동일시함으로써 이성의 부모를 간접적으로 소유합니다. 이 과정에서 아이는 부모를 비롯해서 형, 동생, 친구 등 밀접한 주변 인물들의 태도와 행동을 닮아가지요. 단순한 흉내 내기와는 다릅니다.

장기간에 걸친 성공적인 동일시는 아이가 성인이 되어 부모로부터 분리되고 독립적인 개체로 자신의 삶을 영위해나갈 수 있는 개별화 형성에 중요한 영향을 미칩니다. 각기 달리 이루어지는 주관적인 과정으로 아동의 성격 발달에 주효합니다. 동일시 과정 그 자체보다는 아동이 양육자의 어떤 부분을 자신과 동일시하는지를 봐야 합니다. 자신이 좋아하는 대상과의 동일시는 열등감을 피하기 위해 유능한 타인의 바람직한 특성을 마치 자신의 것처럼 끌어들임으로써 심리적 안정을 얻고자 하는 것이기 때문이죠.

유명인들의 패션과 말투가 인기를 끄는 이유는 많은 사람이 스스로 유명인이 되기를 바라면서 그와 자신을 동일시하는 심리적 기제 때문입니다. 라파엘로도 자신이 아름답고 자신감 넘치며 부드럽고 당당한 매력을 가진 사람으로 보이기를 원했을지도 모릅니다.

> "자신이 좋아하는
> 대상과의 동일시는
> 심리적 안정을 얻기 위해서입니다"

「자화상」은 23세의 라파엘로가 피렌체에서 레오나르도 다빈치의 명암법을 배운 뒤 그린 것입니다. 온화하고 청순한 외모와 부드러운 눈길은 라파엘로의 청년기 작품에 나타나는 공통된 특징입니다. 무늬가 없는 어두운 톤의 옷과 모자, 낮은 채도의 배경은 라파엘로의 흰 얼굴을 더욱 부드럽고 환하게 부각시킵니다. 단조로운 색조의 배경과 단일한 검은색의 채색은 꾸밈없는 자신의 참된 모습을 나타내기 위한 표현 방법이지요. 작품은 전반적으로 차분한 색조인데도 인물의 표정과 인품까지 선명하게 부각되고 있습니다.

르네상스 시대에는 중세와는 달리 인간의 개성과 존엄성이 인정받았기 때문에 개개인의 창조성을 부각시키는 근대적 자아 개념이 생겨났습니다. 이 때문에 자기 고백적이거나 자아 분석적인 모습보다는 개인의 사회적 지위와 직함을 드러내기 위한 자화상이 늘어났지요. 화가가 자신의 모습을 화폭 속 군상 가운데 등장시키는 입회 자화상이나 화폭 속의 의식이나 행사에 직접 참가시키는 참여 자화상 역시 이러한 목적을 띠고 있습니다.

하지만 특이하게도 라파엘로의 자화상은 순수하게 자신의 모습에만 열중했습니다. 그의 많은 작품 중에 이 자화상만큼 인간미를 이상적으로 표현한 작품도 드물지요. 이 작품 안에서 라파엘로는 부드럽지만 당당해 보입니다. 고갱과 고흐가 자신들이 어떤 사람인지를 철저하게 찾아내고 탐구하는 과정을 자화상으로 드러냈다면 라파엘로는 자신이 이상적으로 생각하는 인간상을 자화상으로 남기는 일에 좀더 초점을 맞췄습니다. 공주가 궁정 화가를 통해 인물 그 자체보다는 화려한 배경을 강조한 초상화를 남겼던 것처럼, 우리가 아무리 많은 사진을 찍어도 가장 잘 찍힌 한 장만을 고르고 골라서 남기는 것처럼 말이죠.

귀스타브 쿠르베
「검은 개와 함께 있는 자화상」Self Portrait with a Black Dog(1842)
캔버스에 유채, 46.3×55.5cm
프티 팔레 미술관, 파리

Gustave Courbet

귀스타브 쿠르베

자기애가 넘치는 날

미술심리치료실에는 특별한 사람이 아니라 주변에 흔히 있을 법한 사람들이 찾아옵니다. 제가 여기 소개할 환자는 여러분이 한 번쯤은 느껴보았을 법한 감정을 지속적으로 안고 사는 분입니다.

30대 중반인 그는 의욕이 넘치지만 자신의 생각만큼, 의욕만큼 일이 잘되지 않아서 우울해하고 있었지요. 이런 사람들은 의욕이 넘치지만 결국 다른 사람들을 힘들게 하거나 환경만 탓할 가능성이 높습니다. 얼핏 보면 이런 사람들은 열정적으로 보입니다. 하지만 자세히 보면 자기 효능감이 떨어집니다. 자기 효능감은 특정한 문제나 상황에서 자신이 어느 정도의 능력을 발휘할 수 있는지 주관적으로 평가하는 것을 말합니다. 다른 사람은 그렇게 생각하지 않는데 자신만은 뭐든 다할 수 있다고 생각하는 경우 다른 사람의 눈에 그 사람은 주제 파악을 하지 못하고 오버한다는 느낌을 주게 됩니다. 자기 효능감이 낮은 사람은 아무리 열심히 해도 그에 상응하는 결과가 나오지 않기 때문에 패배 의식이 짙어집니다. 따라서 일과 삶에 심하게 주관적으로 몰두하지 않는 것이 좋지만 이런 성격의 소유자는 그렇게 하기도 쉽지 않지요.

고흐 역시 자기 효능감에 문제가 있었습니다. 이렇게 자기 효능감에 문제가 있는 사람의 경우 미술치료에서는 다른 사람과 자기 자신을 인식하는 훈련을 시킵니다. 나의 장점과 단점을 글로 적게 하고 박스를 만들어서 겉에는 다른 사람이 나를 어떻게 보는지를 쓰게 하고 안에는 내가 생각하는 나를 쓰게 하지요. 이런 과정을 통해 인식의 차이를 줄여나갈 수 있습니다.

턱을 살짝 올린 채 눈을 내리뜬 자화상의 주인공을 봅시다. 자신감을 넘어 오만함, 거만함에 가깝지요. 귀스타브 쿠르베Gustave Courbet, 1819-77는 특히 젊은 날의 자화상을 많이 남긴 편입니다. 그의 젊은 시절 자화상에서는 자신감에 가득 찬 얼굴 각도와 눈빛을 볼 수 있습니다. 「검은 개와 함께 있는 자화상」은 1844년 살롱에 출품해서 입선한 것으로 쿠르베가 23세 때 그린 작품이지요.

높은 산 정상에 앉아 오만하게 발아래의 모든 것을 내려다보는 모습은 그의 자아 의식을 드러냅니다. 그는 부유한 가정에서 태어나 아버지의 무한한 지지를 받으며, 경제적인 어려움 없이 자랐기에 자기애를 갖고 여유와 자신감이 가득한 당당한 성격으로 자랐습니다.

> "의욕은 넘치지만
> 생각만큼 일이 잘되지 않는다면
> 어떻게 해야 할까요"

젊은 시절 넘쳐나던 자신감은 이후에도 유지되었을까요? 나폴레옹 동상을 파괴한 혐의로 그가 생트펠라지 감옥에 투옥되었을 때의 모습을 그린 자화상에는 턱을 쳐든, 자신감 넘치는 표정은 보이지 않습니다. 대신 아래를 응시하며 힘없이 난간에 걸터앉아 깊은 생각에 잠겨 있는, 약간 초췌한 그의 모습을 볼 수 있지요. 누구보다도 당당하던 쿠르베를 이렇게 맥없이 만들 정도로 그를 둘러싼 상황이 그에게 많은 영향을 미쳤음을 짐작할 수 있습니다.

이처럼 자화상의 화풍은 그가 처한 상황이 급격히 변하면서 함께 변했습니다. 그렇다고 해서 리얼리즘에 대한 그의 신념까지 변한 것은 아니었습니다. 이렇게 상황에 따라 화풍이 변하는 것도 자신을 둘러싼 세계에 대한 리얼리즘의 발현으로 생각됩니다.

그는 중년이 되어 몸이 뚱뚱해지자 자화상을 그리는 대신 사진사에게 의뢰해서 여러 포즈로 자신을 찍게 했습니다. 쿠르베는 여기 소개된 그림들 말고도 자신을 부상병이나 첼리스트로 표현하는 등 다양한 자화상을 통해 강한 자기애를 드러냈을 뿐 아니라 자신이 어떤

귀스타브 쿠르베
「생트펠라지에서의 자화상」 Self Portrait at Sainte-Pélagie (1872)
캔버스에 유채, 92×72cm
쿠르베 미술관, 오르낭

모습이든 소화할 수 있다는 높은 '자기 효능감'도 표현했습니다. 자기 효능감이 클수록 성공에 대한 확신이 커지고 개인의 성취는 증가합니다. 젊은 시절 쿠르베는 다양한 상황에 놓인 자신을 연출하면서 그 모두가 자신의 모습임을 확신함으로써 더욱 자신감 넘치는 화가로 성장했을 것입니다.

자화상Self Portrait이라는 단어는 자아를 의미하는 'self'와 자의식을 그린다는 뜻의 'portray'가 합쳐진 것으로 자기를 '끄집어내다' '밝히다'라는 뜻으로 이해할 수 있습니다. 그렇기 때문에 자화상은 작가의 의식적·무의식적 요소들이 풍부하게 포함된 이미지의 총체이며, 우리는 자화상을 통해 작가 자신만의 양식을 읽을 수 있게 됩니다. 또한 자화상을 좀더 면밀히 살펴보면 그가 어떻게 성장했는지, 어떻게 자신을 응시하고 있는지, 희로애락 등의 감정 속에서 자신의 삶을 어떻게 붙잡고 있는지를 이해할 수 있지요.

리얼리즘을 신념으로 삼았던 쿠르베는 이런 자화상의 의미를 아주 잘 이해하고 있었을 것입니다. 사람들이 외부 세상에 고백하는 것과 자신의 내면에서 느끼는 것의 일치성을 '진실성'이라고 규정한다면 자화상은 바로 이 진실성에 기인한 장르이기 때문입니다. 이렇게 자신의 신념과 맞아떨어지는 장르인 자화상을 통해 쿠르베는 자신의 청년기와 중년기의 모습을 고스란히 화폭에 담았습니다.

산드로 보티첼리
「동방박사의 경배」(부분)Adoration of the Magi(1475)
목판에 템페라
우피치 미술관, 피렌체

Sandro Botticelli

산드로 보티첼리

세상의 주인공이 되고 싶을 때

화가가 자화상을 그리기 시작한 것은 르네상스가 시작되는 15세기 경부터라고 합니다. 당시에는 종교화에 자신의 얼굴을 그려 넣는 정도였습니다. 르네상스는 중세와 달리 '예술가로서의 화가'로 화가들의 인식이 달라지고 있어서 자화상을 그리기 시작한 시기입니다. 르네상스를 대표하는 화가 산드로 보티첼리Sandro Botticelli, 1445-1510는 「동방박사의 경배」 그림 오른쪽에 관람객을 바라보는 자신의 얼굴을 그려 넣었습니다.

보티첼리의 그림은 성서의 한 장면을 담은 것으로, 아기 예수의 탄

산드로 보티첼리
「동방박사의 경배」Adoration of the Magi(1475)
목판에 템페라, 111×134cm
우피치 미술관, 피렌체

생을 축하하고자 동방박사 세 사람이 별을 따라 예수님이 태어나신 곳을 찾아 경배를 드리는 모습입니다. 그런데 여기에는 아기 예수, 부모인 마리아와 요셉 외에도 많은 사람의 모습이 보입니다.

> "가장 강조되고 드러나는 것은
> 당당한 자신의 존재입니다"

이 그림은 아기 예수의 탄생을 앞둔 순간을 그린 그림이기도 하지만 사실은 메디치 가문을 묘사하기 위해 그려진 것입니다. 사실 이 그림은 당시 실질적인 권력자인 로렌초 디 메디치에게 바쳐진 그림이었습니다. 그림 속에는 당대 피렌체에서 유명하다는 사람들이 다 모여 있습니다. 메디치 가문의 코시모 데 메디치와 그의 아들인 피에로, 조반니, 로렌초, 로렌초의 동생 줄리아노까지 등장합니다.

가문의 모든 이들을 주요 인물로 등장시킨 이 그림은, 그야말로 가족사진이라 해도 과언이 아닙니다. 또한 이 그림에는 메디치가에 잘 보이고 싶은 중개업자 가르파레 델 라마도 등장합니다. 그는 메디치 가문 사람들이 이 그림을 볼 때마다 자기가 선물했다는 것을 알리기 위해 자기 자신뿐만 아니라 자기의 아들까지 등장시키고 있습니다.

대부분 예수님을 바라보는 옆모습인데 가르파레는 그와는 상관없이 정면을 똑바로 응시하며 아들을 손으로 가리키고 있는 모습입니다. 마치 '제 아들입니다'라고 소개하고 있는 것 같습니다. 아들은 다시 왼쪽에서 얼굴을 보여주며 정면을 응시하고 있습니다. '앞으로 제

아들을 잘 기억해주십시오'라고 소개하고 있는 듯합니다.

평소에 자화상을 그리지 않았던 보티첼리도 이 그림에 자신을 그려 넣었습니다. 맨 오른쪽에 서서 우리를 바라보는 이가 바로 보티첼리이지요. 그림을 그린 화가 자신도 본인을 그림에 그려 넣어 화가로서의 자신의 존재를 어필했습니다. 오히려 그림을 의뢰한 가르파레보다도 본인을 더욱 강조하고 드러냈습니다. 서명과 같은 의미로 자신을 그림 하단에 넣은 것입니다. 자신을 그림의 일부에 표현함으로써 당당한 예술가의 자화상을 남긴 것이지요.

알브레히트 뒤러
「자화상」Self Portrait(1498)
목판에 유채, 52×41cm
프라도 미술관, 마드리드

Albrecht Dürer

알브레히트 뒤러

나르시시즘에 빠지다

이제 자기애는 심리학 용어라기에는 보편적으로 많이 쓰이고 있습니다. 사실 자기애는 강한 자신감보다는 자기에 대한 과도한 몰두에 가깝습니다. 자기애가 강한 사람들은 자기중심적이고 타인의 감정에 무심하기 때문에 타인과의 우호적인 상호 교류를 자신에게만 몰두하는, 짜증나는 일방적 교류로 바꾸어버리는 경우가 많지요.

자기애는 인생을 살아가는 데 큰 도움이 됩니다. 자기애는 높은 자아존중감으로부터 나오기 때문에 매사에 긍정적으로 자신감을 갖게 하는 삶의 원동력이 되기도 하지요. 문제는 자기애가 적절한 정도를 지나쳐서 모든 것이 자기중심적으로 돌아가야 한다는 환상에 빠져들 때 발생합니다. 대표적인 경우가 영화 「악마는 프라다를 입는다」에 등장하는 편집장 미란다메릴 스트립 분입니다. 부하 직원을 마구 부려먹으면서 모든 것을 자기중심으로 움직이려는 편집장, 그녀는 성공했지만 나르시시스트적인 성격장애를 안고 있습니다.

"자기애는 자신감을 갖게 하는 삶의 원동력이 됩니다"

그런데 주변을 둘러보면 이런 성격의 사람들이 사회적으로 성공한 것을 목격할 때가 많을 겁니다. 대개 이런 부류의 사람들은 내가 상대에게 맞추는 대신 상대가 나에게 맞춰 움직여야 한다고 생각하지요. 부하와 상사 간의 관계뿐만 아니라 친구나 연인이나 부부 관계에서도 마찬가지입니다. 그들은 상대의 감정은 아랑곳하지 않습니다. '강자에게는 약하고 약자에게는 강하다'는 밀림의 법칙도 몸소 실천하지요. 그래서 자신보다 약해 보이는 사람을 끝없이 착취하는 것도 '자기애'의 한 단면이라 볼 수 있습니다.

미술에서 과도한 자기애는 누드 자화상에서 드러납니다. 미술사 최초로 누드 자화상을 남긴 화가는 누구일까요. 13세의 나이로 미술사에서 최연소 자화상을 남기기도 한 그는 독일 르네상스를 대표하는 화가 알프레히트 뒤러Albrecht Dürer, 1471-1528입니다. 이전의 화가들이 그림 한구석에서 감상자를 바라보는 인물 정도로 자기를 표현했다면 그는 자화상에서 적나라하게 자신을 보여주고 싶어 합니다. 그가 26세 때 그린 자화상에서 당시 성공한 예술가였던 뒤러의 모습을 엿볼 수 있습니다. 중세 기사의 복장과 회색 장갑과 창 너머의 아름다운 풍경을 통해 자신을 고귀하게 표현했네요.

기사의 복장과 회색 장갑은 그의 지위나 명예를 표상하고 창 너머의 아름다운 풍경 역시 그의 여유롭고 풍족한 삶을 의미합니다. 키가 크고 호리호리해 보이는 그는 오만하고 중후한 표정으로 당당하게 정면을 향하고 있으며, 그 모습은 단단한 주변 건축물로 인해 더 강조되고 있습니다. 창은 측벽이 아닌 그림 면과 평행한 후벽에 만들어졌는데, 창틀 안에 또 하나의 틀을 만드는 육중함은 오만하게 치켜든 머리를 위엄 있게 해줍니다. 이런 정교한 미장센은 머리와 턱수염의 용의주도한 배치, 값비싼 유행 의상 그리고 부드러운 회색 가죽 장갑과 동일한 역할을 합니다.

이 그림은 어떤 다른 목적 없이 그려졌습니다. 아마도 이 그림은 이제까지 제작된 것들 가운데 최초의 독립적인 자화상일 것입니다. 어떤 의미에서 이 그림은 '고귀한 인간'의 지위를 요구하는 뒤러의 도전이지요. 이런 허영과 자만심이 가득 찬 태도에서 극도의 나르시시즘을 읽을 수 있으니까요. 스물여섯의 나이에 이미 거장으로서 신뢰를 얻고 국제적인 명성을 쌓은 예술가에게는 당연할 수도 있겠습니다. 그래서일까요. 뒤러가 입은 의상의 다소 화려한 색과 패턴도 보는 이에게 최면을 거는 듯한, 웃음기 없는 두 눈에 비하면 볼품없어 보입니다.

페르디낭 빅토르 외젠 들라크루아
「자화상」Self Portrait (1837)
캔버스에 유채, 65 ×54.5cm
루브르 박물관, 파리

Ferdinand Victor Eugène Delacroix

페르디낭 빅토르 외젠 들라크루아

당당한 완벽주의자

댄디즘dandyism을 아시나요. 19세기 초 영국 사교계 청년들 사이에서 널리 유행한 사조입니다. 세련된 복장과 몸가짐으로 일반인에 대한 정신적 우월을 은연중에 과시하는 태도를 뜻합니다.

페르디낭 빅토르 외젠 들라크루아Ferdinand Victor Eugène Delacroix, 1798-1863의 자화상에는 보다시피 자신 외에 아무것도 묘사되어 있지 않습니다. 배경의 색채와 터치가 꼭 잔잔함 아래 숨어 있는 내면의 정열을 암시하는 것 같지만 말이죠. 오직 자신만을 표현한 이 작품 속 화가의 지적인 표정, 세련된 차림새, 약간 치켜든 턱에서 강렬하고 당당한 자의식이 느껴집니다. 이것은 19세기 말 프랑스 예술가들 사이에서 유행한 댄디즘과도 무관하지 않을 것입니다.

그는 등을 곧게 펴고 가슴을 활짝 열었으며 목도 꼿꼿이 세우고 있습니다. 그의 얼굴을 보면 미간에 두 줄의 주름이 잡혀 있고 고개는 살짝 들었으며 턱선이 날카롭고 광대가 있으며 콧날이 높고 오뚝합니다. 들라크루아의 왼쪽 눈만 보면 침착하게 응시하는 듯하고 오른쪽 눈을 보면 노려보는 듯합니다. 이런 강인한 인상은 지적인 면에서 우아함을 풍기는 동시에 이면의 복잡함과 불안함을 암시하면서 야성적이고 기이하게 느껴집니다.

이면의 복잡함과 불안함은 들라크루아의 자세에서도 엿볼 수 있습니다. 그는 몸을 오른쪽 사선 방향으로 틀고 턱을 살짝 든 채로 정면을 응시하고 있습니다. 이것은 거만한 동시에 자기방어적이라고 해석할 수 있으며, 그래서 절제되어 보이면서도 불안해 보입니다. 지적인 호기심과 지적인 경계가 동시에 느껴지죠.

들라크루아는 평소 옷차림에 무척 신경을 썼다고 전해집니다. 그런데 그것이 외모에 자신이 없어서였다니! 저 정도면 괜찮다 싶은데 예술가들이 흔히 그러듯이 스스로에 대한 기준이 높았던 사람이 아니었나 싶습니다. 그는 자신의 예술론을 이렇게 설명했습니다.

"우리가 원하는 그림은 화풍을 초월해서 영혼과 감각을 감동시키고, 지성을 고양시켜주고, 지성에 빛을 던져주는 것입니다."

외모에 대해서도 그러했듯 그의 예술적 기준은 매우 높으며 이상을 지향했음을 짐작할 수 있는 부분입니다. 즉 그림은 그가 연정을 바치는 대상이자 형이상학적인 것을 향한 완벽주의를 추구하는 수단이었던 셈이지요. 그것은 화가로서 직업적 자부심이라고도 볼 수 있습니다. 직업적 완벽을 추구했던 사람은 생활 면에서도 완벽을 추구하는 경우가 많으니까요. 그는 대인관계에서도 편안한 상대가 많지 않았을 것입니다. 그래서 혼자 그림에 몰두하고 만족했을 가능성이 높습니다.

"자연이 준 천재적인 재능은 어떤 것에도 쉽게 만족하지 않으며, 예술가는 깊은 감동을 주기 위해 사소한 부분도 소홀히 하지 않습니다. 그렇게 완성된 그림은 작은 부분까지 우리의 눈길을 사로잡지요."

들라크루아가 아름다움에 대해 쓴 글입니다. 그는 이 글에서 "영혼과 감각을 감동시키는 것"을 다시 "일체감과 깊은 느낌을 안겨준다"라는 표현으로 구체화했습니다.

> "자연이 준 천재적인 재능은
> 어떤 것에도 쉽게
> 만족하지 않습니다"

들라크루아는 어려서부터 예술적인 분위기의 가정에서 자랐습니다. 1814년 어머니가 사망한 후 1815년 유명한 화가인 게랭 남작의 제자가 되었습니다. 1830년에는 7월 혁명을 기념하기 위해 「민중을 이끄는 자유의 여신」을 그렸습니다.

들라크루아는 단순한 기능인이 아니었습니다. 시대를 자신의 시각

페르디낭 빅토르 외젠 들라크루아
「자화상」Self Portrait(1816)
캔버스에 유채, 60.5×50.5cm
루앙 시립 미술관

으로 바라보고 표현하고, 이에 대해 책임을 지는 '예술가'이자 사회의 '참여자'였습니다. 그리고 이런 예술가로서의 참여는 자화상에서 보이듯 당당하고 탄탄한 자의식, 지적이고 성숙한 자의식을 바탕으로 이루어질 수 있었습니다.

자화상은 작가가 자신을 알기 위해 거울에 비춰보듯이 환경 속에서 자신의 역할과 모습을 돌아봄으로써 자신의 자의식을 보여주는 매체입니다. 자신을 적나라하게 알기 위해서는 개인의 문제에서 출발해서 그 시대 모든 인간이 공유하고 고찰하는 이슈까지 문제시해야 합니다.

들라크루아는 굴곡진 인생을 살지 않았고 부르주아로서 여유로운 환경 속에서 건강하고 탄탄한 자의식을 가졌습니다. 그는 자의식의 기준이 너무 높아 완벽주의적 성향을 띠기도 했지만 자신을 사회에 투사하고 작품 활동으로 사회 문제에 참여하는 성숙한 자의식을 보여주었습니다.

여러분이 다른 사람 앞에서 스스로 이런 포즈를 취할 때는 언제입니까. 당당하면서도 자기방어적인 태도를 취하고 싶은 상대 앞에 있을 때가 아닐까요.

도판 자료

이 책에 사용된 일부 작품은 SACK를 통해 ADAGP, ARS/Warhol Foundation, VG Bild-Kunst, Picasso Administration, VEGAP과 저작권 협의를 거쳤습니다. 저작권법에 의해 한국 내에서 보호를 받는 저작물이므로 무단 전재 및 복제를 금합니다. 저작권 표기를 요청한 일부 작품을 아래와 같이 밝힙니다.

ⓒKarl Schmidt-Rottluff / BILD-KUNST, Bonn - SACK, Seoul, 2024

ⓒThe Andy Warhol Foundation for the Visual Arts, Inc. / Licensed by Artists Rights Society (ARS), New York - SACK, Seoul, 2024

ⓒMax Ernst / ADAGP, Paris - SACK, Seoul, 2024

ⓒTsuguharu Foujita / ADAGP, Paris - SACK, Seoul, 2024

ⓒMarc Chagall / ADAGP, Paris - SACK, Seoul, 2024

ⓒRené Magritte / ADAGP, Paris - SACK, Seoul, 2024

ⓒThe estate of Jean-Michel Basquiat / ADAGP, Paris - SACK, Seoul, 2024

ⓒSuccession Pablo Picasso - SACK, Seoul, 2024

ⓒAuthorized by Tamara Art Heritage - SACK, Seoul, 2024

ⓒSalvador Dalí, Fundació Gala-Salvador Dalí - SACK, Seoul, 2024

저작권자가 확인되지 않았거나 아직 연락이 닿지 않은 일부 작품은 연락이 닿는 대로 정당한 인용허락의 절차를 밟겠습니다.

자화상
내 마음을
그리다

지은이 김선현
펴낸이 김언호

펴낸곳 (주)도서출판 한길사
등록 1976년 12월 24일
주소 10881 경기도 파주시 광인사길 37
홈페이지 www.hangilsa.co.kr
전자우편 hangilsa@hangilsa.co.kr
전화 031-955-2000~3 **팩스** 031-955-2005

부사장 박관순 **총괄이사** 김서영 **관리이사** 곽명호
영업이사 이경호 **경영이사** 김관영 **편집주간** 백은숙
편집 박홍민 박희진 노유연 이한민 배소현 임진영
관리 이주환 문주상 이희문 원선아 이진아 **마케팅** 정아린
디자인 창포 031-955-2097
CTP출력·인쇄 신우 **제책** 신우

제1판 제1쇄 2024년 3월 4일
제1판 제2쇄 2024년 4월 5일

값 28,000원

ISBN 978-89-356-7856-3 03180

● 잘못 만들어진 책은 구입하신 서점에서 바꿔드립니다.